地势坤，君子以厚德载物。

哲学入门

傅佩荣 著

北京联合出版公司
Beijing United Publishing Co.,Ltd.

图书在版编目（CIP）数据

哲学入门 / 傅佩荣著 . — 北京 : 北京联合出版公司 , 2020.7

ISBN 978-7-5596-4050-5

Ⅰ . ①哲… Ⅱ . ①傅… Ⅲ . ①哲学 – 通俗读物 Ⅳ . ① B-49

中国版本图书馆 CIP 数据核字（2020）第 037395 号

北京市版权局著作权合同登记 图字：01-2020-0875 号

哲学入门

作　　者：傅佩荣

责任编辑：管　文

封面设计：果　丹

北京联合出版公司出版

（北京市西城区德外大街 83 号楼 9 层　100088）

三河市嘉科万达彩色印刷有限公司印刷　新华书店经销

字数 125 千字　880 毫米 ×1230 毫米　1/32　6.5 印张

2020 年 7 月第 1 版　2020 年 7 月第 1 次印刷

ISBN 978-7-5596-4050-5

定价：48.00 元

念一点哲学（初版序[1]）

哲学是什么？

有人讽刺说："整天在黑屋子里，找一只黑猫。"结果当然找不到了。哲学是无解之谜。

有人担心说："把简单的说成复杂的，把大家懂的说成大家不懂的。"玄之又玄，使人望而生畏。

也有人善于联想，认为念哲学的可以为人算命。但是，哲学为何又在大学中成为一门正式的学科？西方古代甚至推崇哲学为一切学问之母，以致今日许多专业学科的博士仍是"哲学博士"（Ph.D.）。图书分类时，"0"代表总类，"1"则代表哲学，似乎占有优先地位，又是什么理由呢？

人有理性，可以思考，但是思考的程度有浅有深。单是注

1　此处"初版"是指1993年正中书局出版发行的本书的繁体版本。

意变化的现象，累积一些经验与印象，组成粗浅的知识，终究会觉得人生处处是障碍，既看不透彻也没有实行的勇气。如果进一步紧扣专业知识，由重点突破，再涵盖全体，又难免挂一漏万，感觉“隔行如隔山”。譬如，自然科学以物质世界为对象，找出一定的运作规律，但是焦点移到人类社会时，如何解释自由意志所形成的复杂人际关系呢？

那么，社会科学呢？它收集资料、统计分析、提出说明，但是由于资料都是已经发生的事实，所以研究结果永远不可能正确预测未来，更不可能建立普遍的及必然的行为规范。但是，自有人类以来，每个人都曾在心中质疑：“我应该做什么，不应该做什么？又为什么如此？”

于是，人文科学显示强劲的吸引力，它环绕人的心灵及其表现，以叙述的、比拟的、期许的、幻想的手法，透露人的本质。原来人的本质并非僵化固定，而是充满活泼生机，必须经由主体自我的意识与抉择，在一生的行动中逐渐塑造自己。人的奥秘在于：他必须开拓心灵的世界，此一开拓即是成长，也即是成全。没有人可以代劳，也没有人可以免责。

哲学在人文科学中又扮演什么角色呢？简单来说，它有两方面作用：一是经由解析概念，使其回归真实世界，以免思考成为概念游戏。这是“知”的一面。二是从事价值定位的工作，界说人性以及随之而来的规范问题，使人生之“应该”与“不应该”得到合理的安排，进而使人可以安身立命。这是“行”的一面。

当然，从求知的立场来说，“行”是个人的事，并且必须经过终身体验，才能予以评价。不论是先知后行还是先行后知，不到此生结束，人无法自认完美，所以孔子说：“若圣与仁，则吾岂敢？”人在“行”上，只能自强不息，努力日新又新。别无他途！

然而，作为专业知识之一，哲学无疑蕴藏了丰富的资源。哲学家，无论在西方还是中国，说话常能一针见血。他们的佳言所对应的并非特定时空里的特殊事件，而是直接提升到普遍的层次。唯其深入，所以普遍。正因为看穿了表面的遮蔽，才能直探源头本体，一语中的。以孔子为例，他回答弟子的问题时，因材施教，以致同一问题的答案各不相同，甚至同一弟子在不同时机的同一问题也能得到不同的答案。

但是，细考《论语》，孔子的思想一以贯之，毫无自相矛盾之处。凡是第一流的哲学家，都有类似的表现。我们不必成为哲学家，但是却希望具备基本的哲学修养。努力方向有四：培养思考习惯，掌握整体观点，确立价值取向，力求知行合一。如何着手？任何一部哲学作品都像架构一座宫殿，若是不得其门而入，只能望洋兴叹。入门之道则是大学中的哲学系的基本课程。现在我以最简易浅显的方式，介绍这些课程的要旨。其中几篇个别看来也许仍然艰涩，但是若能依序而行，念完全部内容之后，应该可以获得完整的认识。这当然是一项挑战，但是它的回馈，相信是值得一切辛劳的。

哲学新天地（二版序[1]）

本书初版于1993年发行，一晃十多年过去了。初版只有前面二十篇文章，小开本，很容易读完。我不常向人介绍这本书，总觉得它只是“入门”，浅显易懂，对于爱好智慧的人必定会有意犹未尽之感。

出乎意料的是，它还相当受欢迎。现在书局[2]要我增订本书，发行第二版。我认真思索自己这些年来的研究心得，发现有两系列既符合入门要求又可以增益本书篇幅的文章。一是在西方哲学领域，由于我近日写成《一本书读懂西方哲学史》，其中介绍西方哲学史四个阶段的导论部分，可以编成《西方哲学背景知识》。二是在中国哲学领域，由于我这十年来致力于解读

1 此处“二版”是指2010年正中书局出版发行的本书的繁体版本。

2 指正中书局。

《论语》《孟子》《老子》《庄子》《易经》这五部经典（立绪版），有些心得可以分享，于是编成《中国五大经典介绍》。这两篇“附录”所占篇幅约为新书的一半，另外在正文中新增有关“真、善、美、圣”四篇文章，如此一来，二版等于增订本，将更能响应读者的爱智之情。

滔滔天下，谁以易之？我们能够改善的只有自己的心灵，不过这样的改善只要一点点，就足以造就新天地。入门之后，就全靠自己的好学深思与实践体验了。

傅佩荣

于台大哲学系

2010 年 6 月

目录 Contents

培养智慧

人是万物之灵，因为他能够思想。思想必须与感觉合作，把感官所接收的印象整合起来，也就是把变化的、个别的、殊多的印象，整合在一个概念之下。

如果问我："哲学是什么？"

最简单的回答是："培养智能，发现真理，印证价值。"这三句话需要分别加以说明。

人是万物之灵，因为他能够思想。思想必须与感觉合作，把感官所接收的印象整合起来，也就是把变化的、个别的、殊多的印象，整合在一个概念之下。譬如，世间没有两朵花是一模一样的，但是思想却可以把握"异中之同"，抽出花的本质，对它加以反省，由此构成有关花的知识。

亚里士多德（Aristotle，前384—前322）说："人类天性渴望求知。"正因为无知，所以要"求知"。知识就是概念的正确组合。从最简单的"这是一个苹果"，推展到"苹果是营养的水果"，再扩延到植物学、卫生学的知识。人类面对大千世界，采取分门别类的办法，探讨一切现存事物。知识累积得越多，人的能力就越强，最后随着科学与技术的进步而成为大地的统治者。

然而，好学深思的人开始感到迷惑。试问：我们能够真正明白宇宙的奥秘吗？从今天的眼光来看，答案仍是存疑的。托勒密的天文学认为地球是宇宙的中心，太阳围绕地球而转；哥白尼的地动说却掀起科学界的革命；牛顿的物理学肯定了绝对空间与时间的存在；爱因斯坦的相对论却塑造了新的宇宙观。自然科学上的进步正好提醒我们：所有的知识都是“到此为止”暂时有效的。

如果顺着求知的心态去努力，终究会觉得“心有余而力不足”。更要紧的是，即使真能了解这一切，我们还是想要知道：“知识对人生有何意义？”或者“哪一种知识对人生最为重要？”

苏格拉底（Socrates，前469—前399）年轻时也曾钻研自然科学，有一天终于决定转向。他说：“我的朋友不是城外的树木，而是城内的居民。”仰观天象与俯察地理，最后的目的不是要安顿人生吗？但是，众人明明随着风俗习惯而生存、成长、发展，又会产生什么问题呢？

苏格拉底说：“没有经过反省检讨的人生，是不值得活的。”这句话使人诧异，原来存在的不是“人”，而是每一个“自我”。因此，主体的自觉，或者自觉的主体，才是人生有无意义的判准。一切知识，若不能增益人的自我认知，都是可有可无的。希腊戴尔菲神殿上所镌刻的“认识你自己”，在此发出了耀眼的光芒。

跨过这一门槛，我们就接触到“智慧”了。智能与知识的差别有三：一、智能是主体的，知识是客观的。知识必须设定对象，力求探讨明白，以便掌握或运用；智慧则出自主体觉悟，因时制宜，随机而行，灵活生动，看似没有规则，其实最有原则，切合生命的要求。二、智慧是普遍的与统合的，好像看出宇宙充满生机，无一物是隔绝孤立的，人生则构成整体，是呈现价值的过程。三、智慧是根本的与究竟的，见无常知有常，见生知死，死又不是生之结束，即使死是生之结束，亦非生之目的所在。

由此观之，谁能拥有智慧？恐怕只有神明了。凡人只能“爱好及追求智慧”。哲学在西方名为“Philosophy”，原意就是“爱智”。这是一个历程，与人生共存并进，不断展现更高的境界。

哲学是一门非常特别的学问。若要勉强定义，可以说：“哲学是要以理性探讨宇宙与人生的根本真相，从而指引现实生活、评估文化生态。”就人人希望得知宇宙与人生的根本真相而言，“哲学思考”可以说是人的本性。但是，若想走上正确而丰富的哲学之旅，由此得到人生指南，善度宝贵的一生，则仍有待基本的学科训练。无论如何，保持开放的心灵，孕生智慧的胎儿，走出理想的人生，是每个人责无旁贷的，也是哲学给我们的初步启示。

发现真理

正因为人只能得到相对真理，所以必须谦虚为怀、谨慎为上。法国谚语有云：“了解一切，即是宽容一切。”我们可以更进一步，“即使无法了解一切，也要努力宽容一切”。

宇宙万物始终在变化生灭之中，到底有没有恒存不移的本体？我们经由感官所得的现象，到底是不是事物本身的真相？即使是吾人思想中的概念，又能表达多少成分的本质？这些问题都与哲学有关，我们可以由“发现真理”这个角度去探讨。

先就“真理”一词来看，在中文里较为严肃，偏向“真实的道理”这一面。道理是人类共同信守的原则与理念，往往与行为之判断有关。真理主要指称“真实之物”，希腊文的原意就是“揭开”（A-letheia, Discover）。若由感官去接触，所得好像蒙上一层纱，只有揭开这层纱，才能看清真相。我国古代教育，七岁入学称为“启蒙”，其意十分近似。

揭开假相，得知真相。人生是一个不断发现的过程，发现不是发明，因为真实之物原本就在那儿。然而，如何去发现呢？又如何保证自己的发现不会错误呢？

就发现的对象是外界事物来说，我们没有绝对的把握，因为人与外界的沟通，主要仍须凭借感官，而感官未必可靠。近代哲学家笛卡尔（Descartes，1596—1650）的思考过程值得参考。首先，为了找到真实知识的基础，他要尽可能地怀疑一切可以被怀疑的东西。于是，外界事物、过去经验，甚至此刻是梦是醒，都可以质疑了。然而，“我不能怀疑那正在怀疑的自我！”换言之，至少有一个不可怀疑的真实之物，那就是从事怀疑的“我”。由此推展开来，怀疑是一种思想作用，因此，“我思故我在”可以确证。

就“我思故我在”而言，我只是“思想的我”，与具体的有形之我未必相契合。于是，心物之间能否沟通及如何相应的问题，成为近代哲学的主题之一。

更重要的是，即使开阔眼界，肯定自我是心物合一的，再依自我去认定外界一切事物的存在，我们所得到的仍然止于“相对的真理”。在此，“相对”有二意，一是相对于“认识主体”所有的真理，二是由于自我与外界之物都是相对的，在这两方面本身都没有终极的存在理由。

既然人人都可以认识，所得也都只是相对真理，那难道真理就没有标准了？或者，难道没有绝对真理吗？在此，关于真理的标准，可以根据互相约定的公设或公理作为探讨真理的出发点，再经由合乎逻辑的程序推演出分门别类的知识。正因为这种真理是相对的，所以必须精益求精，日新又新。正因为人只能得到相对真理，所以必须谦虚为怀、谨慎为上。法国谚语有云：“了解一切，即是宽容一切。”我们可以更进一步，“即使无法了解一切，也要努力宽容一切”。

不过，我们还是想问：到底有没有绝对真理？若以真理为真实之物，则问题转而成为：到底有无绝对真实之物？试作反省如下：

放眼四顾，宇宙之中只有两种存在：一是大自然，二是人间世。大自然循环不息、变化万千，人间世兴衰存亡、徒呼奈何。这两者都是相对而有限的，以哲学术语来说，就是它们的本质“并不包含存在”。它们没有必然存在的理由。既然如此，它们的存在就需要一个基础，或者需要一个解释。这个可以解释的基础，它的本质“必须包含存在”，即它不可能不存在，它是永远存在之物，它也就是绝对真实之物。

因此，在追求真理的过程中，最后会遭遇“绝对真实之物”。人的语言无法适当加以描述，或者只能以否定的方式去描述，说它“不是这个，不是那个”，因为它是支撑一切又涵盖一切的绝对者。绝对者必是独一无二的。心灵抵达此一概念、此一实体或此一境界，自然不再执着于相对的知识与真实之物。哲学意在帮助我们明白由相对走向绝对的必要性，以及由绝对看待相对时，心灵的解脱与自在。

印证价值

我们用以分辨是非、善恶、美丑、真伪的标准是什么？如此一来，值得探讨的是：这种判准是外在的还是内在的？是社会加于个人身上的，还是个人内心原本有其根据的？

稍作反省，立即发现人的特色，就是人与万物的差别在于自由。自由与自然不同。自然界依循一定的规则而变动，如万有引力定律，因此自然的无异于必然的。即使是动物亦不能摆脱天生本能的驱力，毫无自主的余地。人类有思想，自由随之而来。自由的不是必然的，人可以“选择”。

“选择”的前提是分辨与偏好，它的表现是具体的行动，行动会对一个人的内在与外在造成影响。于是，关键在于：选择的“判准”是什么？说得清楚些，我们用以分辨是非、善恶、美丑、真伪的标准是什么？如此一来，值得探讨的是：这种判准是外在的还是内在的？是社会加之个人身上的，还是个人内心原本有其根据的？

答案正在两者之间。社会代表传统，对一代代青少年提供应有的教育，教育的内涵之一就是行为的规范与判准。但是，即使缺少良好的教育，也不表示个人的行为就必然失序。“人同此心，心同此理”一语，并非毫无根据。不过，既然从事选择及行动的是“个人”，那么个人就应该自觉此一判准之主体性，亦即内心自己做主去选择。行为若是被动、被迫或无意识，则价值（不论正面或负面）都无法对主体产生任何作用。在这种情况之下，一个人不论活了多久或做了多少事，都谈不上有什么“价值”。有些人到了晚年，承认自己“浑浑噩噩过一生”，大概就是这个意思。

价值不能离开行为的主体，像“善恶、真伪、美丑”这些用来评价的语词，如果离开具体的个人，就毫无意义可言。譬如，“这幅画很美”。但是如果没有人欣赏，它只不过是一些色彩与图案的组合而已。因此，价值的表达应该加上“对谁而言”一语。然而，世间人人都是主体，都是一个个“自我”，又要如何凝聚共识呢？

柏拉图（Plato，前427—前347）在《对话录》中认真探讨了“勇敢、正义、虔诚、美、善”等价值，结论往往是“没有结论”。于是，他相信这些价值存在于“理型界”，恒定而不变。人的灵魂在人出生之前早已见过这些理型，入世之后遗忘了，现在重新回忆起来，再以之为价值判准。这种说法未必可以证实，但是他的用意是想指出：人人心中都有对价值的向往。换言之，人有自由，人生目的在于以自由去实践道德上及审美上的价值，而不是以自由去追逐俗世的成就，如名利权位。

首先，人间世的价值判断虽是约定俗成的，但与个人内心所向往的未必不能相应。问题在于个人必须回归内心，真诚体验，使行为的动机与动力能够出于自我，否则即有随俗浮沉、遗忘自我之危险。

其次，价值必有层级，真善美无一不是如此。因此，人生朝向价值的奋斗是永无终期的，必要抵达至真、至善、至美而后止。未臻此境，心中即感不安。何以不安？这属于人性论的问题，意思是：人在行动时，虽有选择之自由，但是人性本身的结构会使人的内心发出自我期许及批评，指向更高尚的价值世界。若无此一人性，则人的自由只是能力高强的动物之任意妄为的借口而已。

不过，印证价值并非只是一种内在的要求或压力，它也能带来人格的提升与人生的快乐。人的尊严何在？在于他的人格是一切价值的主体，在于他可以实践价值，促进人我之间的和谐与正义。真正的快乐必有内在的源头活水，而不是全依外在的评价与肯定。孟子说："万物皆备于我矣。反身而诚，乐莫大焉。"只须忠于自己，问心无愧，就会自觉充实，无待于外，再也没有更大的快乐了。

因此，哲学的理念是"知行合一"。培养智慧可以使主体启蒙开悟，体认生命的要义；发现真理则要求从相对界超越到绝对界，务期明白主体与客体合而为一的道理；印证价值则须落实于日常生活中，使生命由平凡趋向伟大，因为人原本是为了成就他的伟大而生的。

逻辑思考

人有理性，可以思考，思考有一定的规则与方法。逻辑是为解说这些规则与方法的学问。大体而言，有概念、判断与推论三部分。

人有理性，可以思考，思考有一定的规则与方法。逻辑是为解说这些规则与方法的学问。我们接受一个人的见解时，会承认他的说法合乎逻辑，从大前提、小前提，到结论，中规中矩，没有任何差错。逻辑究竟包含哪些内容呢？大体而言，有概念、判断与推论三部分。

“概念”是我们平常使用的词语，约定俗成之后，仍有两种指涉，一是意象，二是意义。前者是伴随个人的主观经验而来的，夹杂着情绪感受；后者则是字典里的定义，为大家所公认。如果想做正确的思考，首先就要考察自己使用的概念，排除意象，界定意义。以“龙”为例，中国人视之为吉祥的象征，谈起来眉飞色舞；外国人可能认为那是魔鬼的化身，不免对它心生畏惧。在这种情况下，双方如何可能做有效的沟通？

因此，有些研究哲学的人在谈话时，动辄祭出法宝，以冷静的声调说：“你所谓的‘龙’，是什么意思？”是一种兼具蛇与鸟双重能力的动物，还是古代世界的恐龙，或者是人性修养的一种境界描述？如果继续追问，可能会不欢而散。当然，我们也可以反问：“你所谓的‘意思’，是什么意思？”不过，这时也许大家都忘记原先讨论的题材了。

无论如何，把自己的概念澄清，总是正确思考的第一步。接着要做的是“判断”。两个概念以“是”或“不是”联结，就是基本的判断。配合概念的周延性，如“全部”或“有些”，我们得到“判断”的四个原型，就是：全称肯定、特称肯定、全称否定、特称否定。分别举例，可以说：“台大学生都是好学生”“有些台大学生是好学生”“台大学生都不是好学生”，以及“有些台大学生不是好学生”。由这四型判断可以衍生出各种复杂的命题。它们有什么用处？试举一例。

若有人说，“台大学生都是好学生”，那么为了反驳这个命题，我不需要证明“台大学生都不是好学生”，只需指出一个台大的坏学生，就成功了。在此，重要的是“形式”与运作规则，而不是具体的内容。具体的内容因时、因地、因人而异，但是形式与规则却是永远有效的。庄子所谓“得其环中，以应无穷”，可以借来形容其妙用。

光靠判断，不足以表现思考的开展性。两个以上的判断联结起来，就构成了推论。标准的推论是亚里士多德所提出的“三段论法”。例如，“凡人皆有死”（大前提），“苏格拉底是人”（小前提），“所以苏格拉底会死”（结论）。仔细观察，可以发现：结论早已隐含在大前提中。但是，三段论法除了把隐含的加以彰显，还可以增益新知，使学术上的分类研究可以顺利进行。

当然，逻辑中有“双刀论证”，成为诡辩者的利器。譬如，一位希腊辩士普罗泰戈拉【Protagoras（约前 490 或 480~ 前 420

或 410）】曾与一个学生约定：暂时免交学费，待学生结业后，到法庭辩论赢了再付钱。结果学生结业后，始终不肯交学费，老师只好找他谈判。老师说：“我到法院告你不交学费。若法官判我赢，那么依照判决，你必须交学费；若法官判你赢，那么依照合约，你还是必须交学费。”学生怎么回答呢？他说：“老师，看来我可以不交学费了。因为若法官判我赢，那么依照判决，我不必交学费；若法官判你赢，那么依照合约，我也不必交学费。”究竟谁是谁非？

逻辑不问是非，只讲求命题之真伪，以及推论是否有效。近代学者已将逻辑与数学结合，求其更大的精确度与更高的复杂度，是为数理逻辑。不过，为了从事研究哲学，基本的传统逻辑已经够用了。再退一步来说，能把“概念”彻底澄清到毫无含混与歧义的程度，并在“判断”时合乎各项规则的要求，然后所做的“推论”就可以确立不移了。逻辑并不提供特殊装备，只是帮助我们把天赋的思考能力锤炼得更为敏锐、迅速而有效。

语言分析

语言是社会的产物，一方面，个人由学习语言而加入特定的社会；另一方面，语言也能塑造及保存传统，好像具有生命力，随着个人生命的延续而开展。

我们每天都在使用语言，但是未必明白语言的功能与限制。语言可以传意，也会带来误解，值得我们稍加探讨。语言是社会的产物，一方面，个人由学习语言而加入特定的社会；另一方面，语言也能塑造及保存传统，好像具有生命力，随着个人生命的延续而开展。

语言原是为了表达实物，但是实物除了外在有形可见的大千世界，还有个人内心的丰富感受。因此，语言的使用大致分为以下四种。

一是描述的，以直接铺陈的方式去表现。譬如，天空是蓝色的，树上有五只鸟。凡是描述的用法，都可以诉诸感官或理智，取得众人的共识；万一没有共识，也不难由概念定义着手，进行沟通，辨明对方的真正意思。

二是比喻的，借浅易的概念去象征复杂的事理。譬如，政治家常说："我们的国家需要一个有力的舵手。"这时，没有人会误解他的意思，错怪他居然以为国家像一艘船。国家当然不是船，其实它远比船要复杂多了，但是舵手的比喻却生动而易解，帮助我们明白领袖的重大责任。另外，大家喜欢唱"母亲像月亮一样"，也是借月亮之柔和光明，来比喻母爱的伟大。

诗人词客是使用比喻的高手。如果禁止使用比喻，语言将如何单调，人间又将如何乏味！

三是形而上的，也就是我们一般用来形容“价值”的语言。最显著的例子是“真、善、美、勇敢、正义”等。这些价值上的名词看起来不切实际，但是人人都在使用。试问我们每天说了几次“你好！”“真美！”这一类的话？柏拉图在《对话录》中，费心探讨了这些价值概念，结果发现大多数人未必清楚自己在说什么。即使如此，价值的或形而上的语言仍然构成了人类文化的核心部分。原因何在？在于人性原来就有评价的要求。凡与人有关之物，都会对人展示一种价值。如果不让我们使用这种语言，无异于扼杀文化发展的生机。

换言之，价值的语言必定包含主体本身的意图，就是联结主体与对象，进而衍生后续的行动，这些行动再返回根源，增益主体的内在世界。哲学既然是为了印证价值，当然要充分运用价值语言了。其中最常见的是“求真”，但是对人而言，求真与求善是不可能完全区隔的。柏拉图认为，真实的世界应该统合为“一”，而这个“一”其实就是“善”。如此一来，人生除了追求至善，别无正途。

此外，还有第四种语言用法，就是“恒真的”，或者主词与谓词相同的“套套语句”。例如，“中国人就是中国人”一语，看似重复，却未必不可表意。如果情况是好事，则此语肯定了中国人，否则即有批判之意。譬如，在谈到“中国人的性格”时，这句话难道没有特殊含义吗？

以上简单介绍语言的四种用法，要点在于：我们在使用时，必须依自己的目的而选择用法，否则难免词不达意。对哲学而言，最重要的是价值语言，而价值语言正是最难解说清楚的。

语言的限制亦由此可见。以庄子与惠施的一段谈话为例。他们相约出游，到了濠梁之上，庄子见鱼从容出游，一时兴起，就说："是鱼之乐也！"

惠施立即批驳："你不是鱼，怎么知道鱼的快乐？"

庄子说："你不是我，怎么知道我不知道鱼的快乐？"

惠施再说："我不是你，不知你是否知道；你不是鱼，也不该知道鱼的快乐。"

庄子至此显示立场：我站在桥上一看，就知道鱼之乐。他的意思是：人与鱼之间，推而至于人与万物之间，可以有感通作用，但是未必可借语言表达。我们并不因为语言的限制，就隔绝了自己与万物的沟通。

因此，哲学作为一门学问，固然要靠语言来表述，但语言不足以充分彰显哲学的胜义与境界。不是哲学有何奥妙，而是它所面对的宇宙与人生原是一大奥秘。

现象与本质

“学佛前，见山是山，水是水。学佛时，见山不是山，水不是水。学佛后，见山还是山，水还是水。”现象学的方法有些类似。

没有人喜欢受骗，而都希望得知真相。但是，真相是什么？即使亲身经验也未必保证自己不会弄错；对外物的认识如此，对人的认识更是如此。为了找到可靠的方法，在消极方面可以参考英国哲学家培根（F. Bacon，1561—1626）的建议，设法打破四种假象。

一是“种族假象”，就是人把自己当成宇宙万物的中心，以人的眼光来看待一切。于是，人会抹杀事物本身的价值。譬如，认为狗的存在是为了替人看门，猪的存在是为了让人食用，花的存在是为了供人玩赏。这种“利用”心理，使人无法正确认识动植物，进而不知珍惜，造成生态失衡，最后甚至威胁了人类自己的生命。只有破除种族假象，我们才能以平常心认识及欣赏事物。

二是“洞穴假象”，就是以个人的成见来评价一切。有如井底之蛙，或者像戴了有色眼镜来观察事物。譬如，有些人受过西式教育，产生崇洋思想，喜欢用外国的标准来判断自己社会的优劣，然后提出不切实际的要求。或者由于个人遭遇了逆境，就诅咒人生黑暗。所以，只有破除洞穴假象，才能在光天化日之下看清一切。

三是“市场假象”，就是在听到人云亦云的传言时，不经考虑就以为是真的。市场是消息散布最快的地方，这些消息往往是捕风捉影的无稽之谈。如果无法细加分辨，就难免迷失在群众意见中，这时不仅不能认识事情的真相，反而会连自己是谁都忘记了。除非破除市场假象，否则无法摆脱别人的干扰，也无法以清醒的头脑去区分真伪。

四是“剧场假象”，就是盲目接受一套观念架构或思想系统，用以解释宇宙与人生。我们在观赏戏剧的时候，很容易受剧情影响，随之喜怒哀乐，甚至把自己想象为剧中人物。从这种角度来认识一切，怎能不偏离事物的真正面貌呢？孟子说：“尽信书，不如无书。”歌德（Goethe，1749—1832）说：“朋友，一切理论都是灰色的，生命之树却是常青的。”真正的智慧是由亲切体贴生命而蕴发的。

接着，积极方面可以参考胡塞尔（E. Husserl，1859—1938）的现象学方法。所谓“现象学”，是指透过恰当方式描述现象，以便凸显现象之中的“本质”。那么，什么方式比较恰当呢？

首先，以“暂时存而不论”的方式，把所要认识的对象的外缘条件“放入括号”，使对象“本身”较为清楚地呈现。譬如，为了认识月球，我必须把传说故事、诗意想象、个人好恶都“放入括号”。就月亮本身去观察，看看月亮之所以为月亮的“本质”是什么。

其次，运用“自由想象法”，以各种实例去想象哪些内在条件是不可或缺的。譬如，一个人缺少什么，就不能称为“人”了？在此，有一个临界点或地平线，可以使我们判断人与非人。

最后，还需借助“还原法”，把对象从单纯的本质落实到具体的处境中，但是这时我们已经获知其真相了。

勉强借用一段大家熟知的话来作补充。“学佛前，见山是山，水是水。学佛时，见山不是山，水不是水。学佛后，见山还是山，水还是水。”现象学的方法有些类似，要人先从常识世界超离，所见本质大不相同，因为本质与现象原本有些差距，正如“山不是山，水不是水”；但是在掌握本质之后，仍需回到现象世界，亦即人我共知的“生活世界”。不过，这时所见的现象已经不再使我迷惑，不会使我误认它是本质，也不会使我低估它的价值。

这种方法如果用在认识一个人的真相，是否有效？或许可以，但是前提在于“人不是物”，他有自由，可以选择。因此，认识一个人，无异于认识他的“价值观”，才能断定他的行动原则。撇开价值观，人的真相模糊难辨，即使有理性，也未必是个真实的人。

理解与诠释

语言与文字保存了传统，而传统是个人的立足点，是我们“切入”世界所取的角度，若无传统，我们就无法理解一切意义。

我们每天都在阅读与聆听，尝试理解一切接收到的信息，并且加以诠释。任何完整的信息都构成一段“文本”（text），好像书本上的一段章节。如果文本是新闻及广告，或者是工作指令与日常闲谈，那么，理解因为有了现场处境及连续情节，则不会构成太大的困难，即使产生误会，也不难予以澄清。

但是，当我们的阅读范围延伸到传统的典籍时，挑战就大不相同了。首先，语言与文字（尤其是文字）保存了传统，而传统是个人的立足点，是我们“切入”世界所取的角度，若无传统，我们就无法理解一切意义。譬如，学习外语时，可以深切感受母语的重要。若是母语程度不够，学习外语的成效也将大打折扣，难以进入文化的核心层次。

当代西方人文学界特别重视“诠释学”，以之为治学方法。关于诠释的立场，主要有三派：一是侧重“传统”，把传统看成富有生机的意义世界，从它出发，再寻求它的视域与个人视域之融合。我们对文本的理解，在“视域融合”的过程中可以达成。二是侧重“个人”，要以个人的生命体验作为解释的基础，“对我有意义的，才有意义”。否则文本境界再高，却非我的存在经验可以消化，亦即两者之间无法找到交集，又如何得到阅读效果？三是侧重文本，直扣原典本身的意义，让原典为自己说话。这时，就需加强文字学的训练了。

以上三种立场各有所重，优劣互见。其实，真要从事理解及诠释，应该兼取其长。我们暂不考虑西方诠释学的派别及人物，只就其实际运作提出下述看法。诠释可以分为四个步骤。面对文本时，可以依序自问：

一、“它究竟说什么？”譬如，我们读《论语》，看到孔子自承“五十而知天命”。这是他说的话，那么“天命”是指什么？难道真有一个能够下达命令的天吗？孔子真的知道了天命吗？看来似乎没有怀疑的余地。

二、“它想要说什么？”这时必须探讨时代及思想背景。以孔子来说，当时仍有“天命有德的天子”之信念，但是现在天子失德、天下无道，天命是否随之消失呢？因此，孔子的“知天命”，表示他发现了（不是发明了）自己的使命，这一使命源自天。他要扮演“木铎”的角色，周游列国，同时积极教育弟子，承先启后以维持人间的高尚理想。

三、“它能够说什么？”历代学者对于《论语》的诠释常有歧异，这表示一段文本具有独立的生命，对每一时代，甚至对每一个人都有不同的启发。启发越多，原貌也越难以辨认。不过，这些都是它“能够”说的，也有参考价值。我们为了明白孔子一句话，往往要遍查各家注疏，否则不敢轻易断言谁对谁错。

四、“它应该说什么？”这是最重要的一关，是我根据以上三个步骤所综合的心得。我必须选择及判断，当然也可以提出创见，证实它“应该”是什么意思。譬如，孔子所谓“知天命”，是“下学而上达”的结果，从“四十而不惑”，通晓人间事理之后，再作根本思考，探寻人生的终极意义，最后肯定“天”是这一切的基础。由此出发，还需“顺天命”，否则无法求得心之所安。最后才可抵达“从心所欲不逾矩”的至境。

以上四个步骤并非任何阅读都需要的。往往我们只看原文，就直接认定它“应该”说什么。这时，“想要”与“能够”都隐含其中。因此，一个人念书时，平常累积的知识与修养就扮演着重要的角色。如果从事学术研究，撰写一篇论文时，就需通过以上四个阶段的训练。

如此一来，我们介绍了逻辑思维、语言分析、现象与本质、理解与诠释这四种方法，对于有心探讨哲学的人来说，应该具有基本装备，可以展开心灵之旅了。

中国的哲学

以学派而言，古代的儒家与道家，魏晋以后的佛学，都有体大思精的著作与学说。以个人而言，则孔子、孟子、老子、庄子，直到宋明诸子，都是值得重视的哲学家。

“哲学”一词是翻译过来的，那么中国自身有没有哲学呢？这个问题的答案是肯定的。凡是人群聚居、形成社会，并且在历史上存在过一段时间的团体，都有自己的文化。文化会经历兴盛衰亡，其中的决定因素是什么？若由“器物、制度、理念”三个层次的内涵来看，理念应该居于核心地位。换言之，科技水平低落的地区、制度规范僵化的社会，未必会被历史淘汰，但是理念若是模糊不清或违反人性，以致民众缺少一套合理的价值观与人生理想，那么这样的团体及其文化就失去继续存在的动力了。

理念以各种形式保存于文学、艺术、宗教中，但是只有哲学可以对它作清晰的陈述、批判、反省，去芜存菁，定期再生活力，进而使文化长存不替。根据英国史学家汤因比（A. Toynbee，1889—1975）的研究，人类历史上曾出现二十一种文明，其中十六种成了古迹，只有五种仍在发展中，而中国文明是其中唯一能劫后重生，进入第二度兴盛衰亡轨道的。由此可见，中国文化中的理念应该有其独到之处，而中国不仅有哲学，还有极富价值的哲学。

具体而言，哲学是对人类经验作整体而根本的反省，由之获得启发，再指引实际生活。因此，我们可以把具有此一自觉，并且写下系统著作的人，都称为“哲学家”。以学派而言，古代的儒家与道家，魏晋以后的佛学，都有体大思精的著作与学说。以个人而言，则孔子、孟子、老子、庄子，直到宋明诸子，都是值得重视的哲学家。

那么，中国哲学有什么特色呢?

第一，以生命统合宇宙万物。凡存在之物，皆构成一个整体，整体相互感通有如机体，其中没有孤立隔绝的不相干之物质。换言之，生命的力量大化流行，无所不在，其灵秀在于人类。人与天地万物之间并无真正隔阂，因此人生之道在于由个人推及人群，再扩及于万物。唯有人间获得安顿，宇宙的存在才能显发意义。中国哲学无不以“人”为其关怀焦点，但是它所表现的人文主义却常有开放的及超越的倾向，而不是自我中心的人本主义。

第二，以价值贯穿人生行为。人的行为既然是自由的，就有价值取向的问题，因此正确的人生态度是不容许随俗浮沉的，更反对自暴自弃。自由看来并无约束，但是人的内心对于价值（如真、善、美）却有自发的向往。孟子所谓人有“良知良能”，可谓一语道破。因此，人类依其本性，无不渴望真、善、美，其中又以“善”的价值最受重视。因为“善”发乎个人内心，并以行为促成人际适当而和谐的关系。于是，人生成为动态过程，必须自强不息，日新又新，直到止于至善。果能如此，则个人人格臻于完美，群体生活的质量亦大幅提升。

第三，对超越界保持信念。一方面，延续传统信仰，相信鬼神界与天或上帝的存在，但是在理性上不去详细辨明，也不能说得太多。另一方面，则以此信念作为人生在实践价值时的终极依据，像孔子说“杀身成仁”，孟子说“舍生取义”，就是因为心中存有对“天”的信念，相信人生目标不在于苟且偷生，而在于完成天赋使命，就是依据内心指示以行善避恶。因此，天与人之间的关系成为许多哲学作品的主题。儒家主张“天人合德”，道家主张“天人合一”，就是典型的例子。

以上三点特色当然不能充分描述中国哲学，更不能拿来作为评析中国哲学各派各家优劣的唯一判准。但是，相对于西方哲学与印度哲学，以及其他民族的哲学，我们却可以肯定中国哲学确实有自己的一套观点，具体而言，就是：以生命为中心的宇宙观，以价值为中心的人生观，以及对超越界保持开放的信念。这些观点也许在知识理论的构成上，仍需提出有效的论据，但是在指引人生之“道”，使人安身立命上，则一直发挥巨大的影响，维系中国文化于不坠。

儒家哲学

儒家是中国主要的哲学，对中国人的观念、信仰、生活、艺术，以及中国的政治、社会、教育、家庭，都有深刻而广泛的影响。

儒家是中国主要的哲学，对中国人的观念、信仰、生活、艺术，以及中国的政治、社会、教育、家庭，都有深刻而广泛的影响。不谈儒家，就不可能明白什么是中国文化，也无法认识中国人的性格。然而，正因如此，儒家的面貌也就不易厘清了。

厘清的办法，最好是回归孔子与孟子，探讨他们原本的见解。儒家关怀人的安顿，从安居乐业，教化普及，到相互责善，提升价值。它的人性论特别完备周全，简单来说，主张三点：第一，人人都“可以”成为圣人；第二，人人都“应该”成为圣人；第三，每一个人在努力成为圣人时，都自然会“帮助别人”也走向正途。

在此，“圣人”一词令人望而生畏，连孔子也说：“若圣与仁，则吾岂敢！”的确，若以它代表完美人格来说，人间没有圣人，因为只要活着就可以更完美，反之，只要活着也随时可能退转堕落。所以，我们在此以“圣人”指称“境界”及“过程”。境界可以悬为目标，让大家期许去追求，过程则是当下在每一事件上要求自我完美，就是孔子所谓的“修己以敬”。换言之，儒家认为人并不是完美的，但是内在却有动力，要求自己走向完美。配合的措施则是合理的政治制度与教育机会。凡是符合上述立场的，都属于儒家学者。

我们再针对人性论，提出以下三点说明。

第一，人性是向善的。“向”代表人有自由，可以选择。“善”是指“人与人之间适当关系之实现”。当人行动时，内心对自己的选择会有自发的反应与判断，若选择为“善”，则觉心安，否则心即不安。心之安与不安，并非由后天习得，而是与生俱有的能力。

所谓“与生俱有”，是指人的生命成长过程，必由“生理、心理、伦理”依序开展。首先，生理上长期的幼儿依赖，使子女对父母在心理上会有特别敏锐的依存感受，由此而生不安及不忍。此所以“孝”是儒家教育的基础。作为行为规范的“伦理”，则是为了助人完成心理倾向者，而非为了禁人为恶而已。其次，“与生俱有”的根苗，很容易受到后天环境的压力与诱惑而扭曲，以至于常有遗忘本心的情形。孟子说：“学问之道无他，求其放心而已矣。”清楚指出：教育的目的在于把失去的心找回来。

既已失去，如何可能找回？原来这是比喻用法，用以表示人性向善。只要得到机会并且自己愿意，内心向善的力量就会在每一次新的选择时发出指示，让自己回归正途。

第二，人生应该择善固执。就“择善”而言，需要良知与教育合作，以求分辨具体的善行。考虑要项有三：一是外在规范；二是内心感受；三是对方期许。首先，行为必须出自内心感受，否则只是虚伪或乡愿；其次，不可违背外在规范，因为这些规范是为了保障更大的人群之和谐。同时，也要设法符合对方的期许，否则自己一意孤行，结果可能无法成就“人与人之间的适当关系”。以上三个要项之间若有冲突，只好回归内心感受，以诚为主。

择善之后，需要坚持。“固执”出于道德勇气，表现为恒心与毅力。必要时，甚至可以牺牲生命。但是，此时牺牲生命无异于完成生命，满足了人性向善的原始要求。

第三，人生至高理想在于“天人合德”。前述“以牺牲为完成”的生命观，其信念即在此。“人生自古谁无死，留取丹心照汗青”，意近于此，但仍可进而超越历史，求取个人灵魂之至福与不朽。其中详情已非哲学范围，若人生遭遇未至此境，则不妨自得其乐。孔子与颜回都是生活贫困而不改其乐的人，因为内心自有悦乐的泉源，是为安贫乐道。

这种人生观是积极进取的，也是与人为善的；是向着至善而努力提升个人价值以及人群幸福；同时也是洋溢着生命的喜悦的。

道家哲学

“道”是宇宙万物生存及发展的途径，任何一物皆有其自己的道，整体宇宙亦有其道。天地之道就是大自然的规律，四时运行，生态平衡，充满和谐的韵律。

儒家从正面肯定人间一切价值，相信只要教育与政治配合，人的向善本性可以因势利导，达到“正德、利用、厚生”的幸福境界。然而，自有社会组成以来，人间的混乱与冲突从未消弭，这又是什么原因呢？也许是人的知识及能力有限，也许是人性还有许多潜伏的弱点，以致人群在相处时，问题重重。

道家面对这个难题，换个角度去想，也许“无为”胜过“有为”，并且，能否超越以“人”为中心的思考模式呢？如果不由“人”的立场去观察，又要改由什么立场呢？由“道”的立场，道又是什么呢？

“道”是宇宙万物生存及发展的途径，任何一物皆有其自己的道，整体宇宙亦有其道。既然万物不能离开“道”，好像无道就无物，我们能否设想：道是万物的来源与归宿，同时又是其运作发展的途径？以天地为例，天地之道就是大自然的规律，四时运行，生态平衡，充满和谐的韵律。不过，人类世界的情况就不同了。事实是：有了人，世界就有灾难、罪恶与痛苦。如何从根本上予以化解？

道家的第一位代表老子认为：一切问题都出在人的认知与欲望。当人为了生存而必须认知万物并加以区分时，区分亦带来价值上的贵贱之别，由此引发人的欲望。大家都去追求“难得之货”，人心怎能不乱？但是，人的认知能力本身并没有错，它还有提升的可能。

因此，老子的构想是：认知能力首先表现为“区分”，后果利弊互见；若要兴利除弊，至少可以保障自己，就须将它转化为“避难”，由于明白吉凶祸福的道理而避开一切灾难。如“祸兮，福之所倚；福兮，祸之所伏”。既然福祸相互依存，我们何必汲汲于世间的名利权位？老子注重“无患、无尤”，希望“全身保真”。

接着，认知能力可以更上一层，由向外区分与向内衡量，提升到主客合一，不再执着于自我，却能以“道”的立场来观照一切。这时产生“启明”，洞识万物芸芸，各归其根，无为胜于有为，甚至，无为就是无不为了。这显然是一套讲求“培养智慧”以“发现真理”的哲学系统。然而，这种智慧不仅难以传授，而且不易表述。老子说：“知者不言，言者不知。”所有的语言都只是方便法门，目的是助人以心灵之眼去直观“道”，然后在具体的行动中表现超越的精神。

一旦化除执着，眼界随之开朗，天地也变得无限宽阔了。接着发挥道家思想的是庄子。庄子进一步提出“游”的理想。他以各种寓言以及虚拟的人物与故事，展现了一个无限而永恒的精神世界，这是人人可以达到却极少有人真正达到的境界。修行过程并无定法，大致有以下阶段：“外天下、外物、外生、朝彻、见独、无古今、不死不生。”由超越世间利害、有形之物、生命欲望，到光明初现，体认万物一体，终至不受时空所限，有如恒存的精神体。

庄子为人类描述了一个精神上至为宽广的领域，让我们可以遨游其中。随着主体的自由与解脱，产生了艺术上想象的空间与审美的情调。中国历代许多杰出的诗人与画家，都由庄子那里汲取丰富的灵感。不仅如此，每当遭逢乱世，读书人隐居山林时，也常由庄子得到安慰。

不过，道家思想以智慧为重，要靠个人体悟启明，而无法传诸大众。同时，它所强调的修行也与一般的道德修养有别，不足以作为社会教化的参考。至于汉代末期所衍生的道教，则与道家的原始意旨没有必然关系。

在哲学界，单是“道”这个概念就令人深感兴趣。德国哲学家海德格尔（M. Heidegger，1889—1976），晚年曾试图将《老子》译为德文。即使他最后因为不懂中文而放弃这个尝试，但是我们可以肯定，真正伟大的哲学系统必有相通的地方，因为它们都是人类理智面对道或超越而绝对的“一”所作的沉思的结晶。

西方的哲学

西方哲学在其整体文化中所扮演的角色，依然是理念的澄清、价值观的塑造，以及人生意义之探讨。

所谓“西方”，是指近代以来主导世界发展的地区。从欧洲到北美，其中的思想传统可以远绍希腊，历经中世，再于欧美集其大成。如果以列举的方式来说明，则西方哲学家包括柏拉图（希腊）、托马斯·阿奎纳（中世纪）、笛卡尔（近代）、海德格尔（当代）等人。这一系列沿承而下，未曾中断的思想，统称为西方哲学。

同样地，西方哲学在其整体文化中所扮演的角色，依然是理念的澄清、价值观的塑造，以及人生意义之探讨。尼采（F. Nietzsche，1844—1900）说：“哲学家是文化的医生。”可谓十分贴切。西方哲学素以论证周全、系统严明著称，其特色大致可以归纳为以下三点。

一、探讨范围明确。哲学家虽然志在研究宇宙与人生的根本真相，但是由于时间有限、才能各殊，所以大都以分工合作为原则。对外，与各门科学之间的界限日益清晰；对内，也要在知识论、形而上学、伦理学等领域中找出自己的专长。如此一来，哲学的专业性格浮现，其优点是有许多专业哲学家，他们的研究成果累积发展，形成一部井然有序、内容丰富的哲学史；缺点则是分而不合，把哲学当成知识之一，未必能够响应人生的要求，亦即西方哲学对于“指引现实生活，评估文化生态”这一方面的作用，已经逐渐淡化成可有可无了。

二、知识取向鲜明。以柏拉图的《对话录》为例，其中虽然探讨价值上的问题，如勇敢、正义、善、美，但是它的目的是掌握其本质，澄清其概念，以便建立稳定可靠的知识。原因何在？在于苏格拉底主张“知识即德行”。人若对德行有真正的认知，就不可能因循苟且，无动于衷，而必定会珍惜与实践德行。反之，人对德行若无明确的认知，又怎么可能身体力行呢？的确，人是“理性的动物”，可以形成概念世界与思想体系，并且单是这项任务就带有许多趣味，使人流连忘返。能否在认识德行后加以实践，是属于个人的抉择，而西方哲学家在如何“认识”上已经投注了大部分的心力了。

三、未必足以安顿人生。由于理性所展现的知识是有限的，既不能说明人的道德要求，也无法满足人对超越界的向往。于是，西方人在寻求安顿时，仍然只有宗教一途。换言之，知与行可以分开；同时，哲学与宗教也不能混淆。譬如，我国的儒家虽是哲学，但有明显的宗教功能，可以与祖先崇拜并存，产生宏大的教化效果。西方哲学中不易出现类似的情形。

针对上述三项特色，必须再作补充说明。首先，由于探讨范围明确，西方哲学作为一门学问或学科，可以胜任愉快；影响所及，今日我国大学中的哲学系仍以教授西方哲学为主流。但是，这种情形未必妥当。除非哲学可以脱离文化理念，否则我们学习西方哲学的目的，还是为了回归中国哲学。

其次，就知识取向而言，我们认同“为了知识而求知”的客观心态，但是不可忽略哲学在本质上是要观照宇宙与人生的整体，或者至少是要响应人们对“人生有无意义”此一问题之探索。因此，承认知识的限制，保持开放的心灵，才是哲学研究者的正确态度。

最后，谈到安顿人生，西方人未必接受“生命中心的宇宙观”与“价值中心的人生观”，但是他们可以靠有形的法律规范与无形的宗教信仰，来安排现实的生活。在此可以发现，由于哲学理念之差异，两个社会在“制度”与“器物”上随之显示自己的特色。黑格尔（G. W. F.Hegel，1770—1831）说：“存在的就是合理的；合理的就是存在的。”引申意指：凡是可以存在的社会，自然有它的道理。哲学要研究真实之物，更要探讨其中的道理。我们比观对照中西哲学，也许会有更深的体会。

柏拉图哲学

他肯定一个超感官的世界存在，既可以保障知识的有效性，又可以说明价值的统合性，同时也为人生之道开启了一条坦途。

感官所见的世界充满变化，缺乏恒定的基础，无法产生可靠的知识。真正的知识应该以恒存不易的东西为对象。现在，既然人间确有知识存在，如各门科学，那么它的前提是：第一，客观上必有实存之物，恒存不易；第二，主观上则需以理性取代感官，只有睁开理性之眼，才能得知真实之物。

真实之物称为“理型”，它是个别事物的典型或范本。人的知识是对理型的认识，因此它不能来自感官印象的抽象或归纳与综合，却需有一个“先天的依据”，譬如，人的灵魂在入世之前，在理型世界见过理型，入世之后再凭借“回忆”使理型复现，因此知识就是回忆。

我们不易欣赏上述说法，因为心中想到的是具体而个别的事物模型，如牛、马等。但是，柏拉图的重点不在此，却在于价值上与数学上的理型。

譬如，我们判断一人为“正义、勇敢、虔敬、善、美”时，心中隐然觉知这些价值的典型，否则根本不能去作评价。但是经由反省与讨论，才逐渐明白自己的知识不够充分。又如数学上的三角与圆，也不是感官经验可以左右的。一方面，经验界没有真正的圆存在，不过却有许多圆形的东西。于是，圆可以涵盖一切圆形的东西，又不为后者所限制。它才是理性认识的对象。我们能否借由数学的帮助，提升到理型世界呢？

柏拉图早年追随苏格拉底，后来见老师被人诬告受害，乃丧失对雅典民主政治的信心；中年曾赴西西里岛，想要教育出一位“哲学家皇帝”，又以失败而告终。最后回到雅典专心办学，成立西方第一所“学院”（Academy）。有一次，学院贴出公告，说柏拉图将要演讲“什么是善？”听众原来期待得悉人生哲理，结果大失所望，因为柏拉图从头至尾所谈的都是数学。何以数学如此重要？因为它训练人的抽象能力，使人由感官世界的圆形、三角形，提升到圆与三角之本身。有此能力，才能继续上升至理型世界，也就是心灵所观照之纯粹形相又绝对真实的世界。

不仅如此，理型界还有统合的理型，是为“一”。以一统多，原是希腊哲学家的目标，现在柏拉图认为自己成功了，他肯定这个“一”就是“善本身”。如此一来，人生方向毫不含糊，必须义无反顾地实践道德上与审美上的要求，抵于至善而后止。人生不是偶然的巧合，而是负有追求美善的使命。

于是，柏拉图哲学的丰富内容展现开来。首先，在思考方法上，他借用苏格拉底的定义法，同时发挥了辩证法的技巧，借由对话双方相反立场的对峙、互动，而照明真理的条件，或者使真理自动呈现。其次，他肯定一个超感官的世界存在，既可以保障知识的有效性，又可以说明价值的统合性，同时也为人生之道开启了一条坦途，就是摒除物欲的诱惑，高尚其志，从事道德的与审美的修养，以求得灵魂的最大福祉。

为了达成上述理想，必须回归现实世界，在教育设计与政治体制上提出一套办法。柏拉图认为，人人都该学习音乐与体育，以促进灵魂和谐与身体健康。这两方面表现杰出者，再学习数学与天文学，逐渐进入知识的堂奥。然后择优训练辩证法，培养成为卓越的心灵。再经实际工作的考验之后，才可以研究哲学。哲学家是合格的政治领袖，因为他明白人生的真正福祉何在，国家存在的目的为何。

由以上扼要的叙述，可知柏拉图哲学的涵盖面极广，形成一套体大思精的系统。英国哲学家怀特海（A. N. Whitehead，1861—1947）说："两千多年的西方哲学，只不过是柏拉图思想的一系列注脚而已。"这话并非毫无根据。然而，柏拉图不代表哲学的全部，而是撒下了日后哲学思想的种子。若不通过学习柏拉图，就不易正确了解哲学的范围、深度、意义与价值。

康德哲学

康德指出：向来哲学家都预设人有认识能力，却不曾反省这个能力是什么，现在他要扭转乾坤，把探讨的方向转到人自身的理性能力。

康德（I. Kant，1724—1804）代表近代西方哲学的转折点，从笛卡尔提出“我思故我在”之后，思想主体与外在世界之间的隔阂不易衔接，那么我们如何保障知识的有效性？如果知识源于外在世界，我们就须借助感官知觉，再由印象累积与联想，如此可以顾及知识的扩展，却无法肯定其普遍性与必然性。如果知识源于思想主体，表示人心具有天生观念，它们是普遍及必然的，但是与外在世界如何对应？

换言之，笛卡尔启导的理性主义（Rationalism），倾向于独断的学说，如主张天生观念。相对于此，洛克（J. Locke，1632—1704）启导的经验主义（Empiricism）就走向怀疑的困境了。处在独断与怀疑之间，康德尝试另辟坦途。他认为自己的任务是从事哲学上的“哥白尼的革命”。哥白尼从地心说转向日心说，康德则指出：向来哲学家都预设人有认识能力，却不曾反省这个能力是什么，现在他要扭转乾坤，把探讨的方向转到人自身的理性能力。他的第一部代表作名为《纯粹理性批判》。

康德认为，真正有效的知识是“先天综合判断”。“先天”是指主体不受经验影响，原本具有的形式；“综合”则指经验界所提供的材料而言。两者配合，才能兼顾知识之必然性与扩展性。既然这样的知识存在，我们就须探讨：“先天综合判断”如何可能？换言之，我们要对理性的结构与能力细加研究。经过冗长而周全的研究，康德的结论是：一、时间与空间是感性的先天形式，是我们得到感性直观的条件；二、透过想象力的接引，感性直观所得的对象可以转移到知性，由知性的十二个先天范畴去进行判断的工作；三、判断所构成的命题就是有效的知识。

如此一来，人的知识只能局限于感性直观所对应的现象世界，而不能抵达本体世界。以此而说，康德属于“不可知论”。不可知并不代表不存在。像“自我、世界、上帝”就是必须存在之物，否则一切落空。这种谨慎的态度并未封闭康德的视野。他一生治学的关键在于辨明四大问题：

一、我能够知道什么？

二、我应该做什么？

三、我可以希望什么？

四、人是什么？

其中，第一个问题的答案并不乐观，我能够知道的只是现象世界。那么第二个问题呢？不论知道多少，我都必须行动，有如我知道本体世界一般。康德由此转向道德实践的领域。他的《实践理性批判》一书，特别探讨了理性在实践上的作用，结果发现必须确立三大设准：人的自由、灵魂不死、上帝存在。若无这些设准，道德行为根本不可能。

西方哲学向来以理性作为探究实在界的途径，所得的结果是知识系统，但是，除了知，人更需要行，甚至可以说，即使不知，人也需要行。任何行，都预设了人对实在界的态度，这种与实践有关的态度，涉及人的意志。因此，康德特别重视道德意志的问题，由此开展了自律性、目的王国、人的至福等观念。从这个角度去思考，我们可以欣赏康德所言："我应该，所以我能够。"以及其他有关道德与宗教的见解。

康德住在普鲁士东北角的科尼斯堡，一生不曾离开家乡。他的生活极有规律，每天下午准时出门散步，所过之处的店家纷纷对表，少有失误。辞世时，他的墓碑上刻着两句话："在我头上是众星的天空，在我心中是道德的法则。"他从知识论出发，最后回到伦理学，建构起一套体系完整的学说，兼顾知与行，旁及美学与宗教哲学，回答了"我可以希望什么？"再进一步，则是一个接近奥秘的问题："人是什么？"其实，连康德在内，所有的哲学家无不在努力思索正确的答案。

知识论

知识有一定的范围。它的对象既然是现实世界，它的表达既然要靠概念与语言，那么它的范围也以经验世界为主。

人类的知识在不断进步。这个现象值得深思，因为进步的前提是：过去的知识都落伍了。那么，现在的知识呢？从未来的眼光来看，也是注定要过时的。如此一来，我们何必求知呢？甚至我们需要建立有关知识的理论吗？

在此，首先要区分知识的种类。知识有三种，一是“事实上的知识”，二是“实用上的知识”，三是“日常生活的知识”。从古人“仰观天象、俯察地理”，可知人类努力认知客观世界，这些事实上的知识，会由于工具的改善、角度的调整、理智的训练而不断进步。所谓最新的知识也都是“到此为止有效的”。其次，实用上的知识是人类身体力行所琢磨出来的，譬如古人不懂天文学，但是有经验的水手可以由天象判断天气。然后，日常生活中所认识的人物、地方、事情，是长期共同生活所接触及熟悉的。由此观之，知识仍然可能，并且确有知识存在。

接着，知识论的主要问题有三：一、知识的性质与起源；二、知识的范围；三、知识的可靠性。

由于知识必须具备普遍性，譬如医学研究了个别的病人，却可以得知普遍的病症知识，并且发明对症之药，去治好其他人的病。同时，知识又须具备实用性，以对应经验世界的情况及需要。若是强调普遍性，就会肯定知识的起源是先天的，譬如人有天生观念；若是强调实用性，就会肯定知识只是感官经验的累积，加上后天的学习与教育。两者之间的对立，在亚里士多德看来，可以用理智的抽象能力来解决。理智由感官经验的印象抽出其本质，形成概念，再组成知识。到了康德，提出“先天综合判断”之可能性问题，由理性提供先天形式，经验提供后天材料，双方合作形成有效的知识。

无论如何，知识有一定的范围。它的对象既然是现实世界，它的表达既然要靠概念与语言，那么它的范围也以经验世界为主。所谓经验世界，却不能仅仅为感官经验所局限，它也应涵盖人的一切经验。说得清楚些，凡是本身不构成自相矛盾的经验，都可以成为认知的对象。因此，我们由道德经验、审美经验、信仰经验，也可以得到相关的知识。这一类知识的性质并非概念与语言可以适当表达，但是它的存在是客观的事实。

关于知识的可靠性，自从笛卡尔提出“我思故我在”以后，怀疑论已经不易立足了。若有人怀疑一切知识，如希腊的高尔吉亚（Gorgias，约前483—前375）所云：“无一物存在；即使有物存在，也不能被认知；即使能够被认知，这种知识也不能传达。”然而他毕竟提出了三个命题，可以被我们认知，也算是一种知识了。因此，真正的怀疑论者必须缄口不言，甚至连日常行为也不宜进行，否则即有预设某些知识之嫌。

当代知识论的研究逐渐偏向“心灵哲学”，因为不论外界客观存在的是什么，重要的是认知主体的心灵有何性质，又如何运作。在此，显然涉及两方面：一是信念；二是行动。试问：如果尚未明确认知，我们如何肯定有物存在？既然先肯定有物存在，我们怎能对它毫无所知？解答的关键是：在我们从事认知活动时，早已相信了世界与他人的存在，并且基于这种信念生活了一段时间，到了可以作反省及认知活动的时候。

因此，我们思考的方向可以转到：完备的知识必须具备什么条件？它的主要命题必须符应外界的实况，这些命题之间又需融贯，不可自相矛盾。然后可以分辨各种不同知识的特定要求。譬如，自然科学、社会科学、人文科学由于研究对象不同，它们作为知识的判断标准自然有别。中国古代谈到概念时，就有“名实”与“名分”之辨。前者应求客观，后者则与传统及社会密切相关，因为人的信念与行动，在他认知时总会显示指引的作用，而不可能有绝对客观的知识。

宇宙论

宇宙本身是什么，与宇宙对人而言是什么，这两个问题不可能完全一致。既然如此，我们不妨转而思考：在这样的宇宙中，我们如何善度人生？

人类对于自己的生存处境，必有自发的关怀。古代民族的神话无不涉及“宇宙创生”的题材。若由哲学角度反省，则问题成为：宇宙是否永恒？它的结构成分是什么？动力由何而来？时间与空间有何意义？

早期的希腊哲学家，连柏拉图与亚里士多德在内，都相信宇宙是永恒的。因为宇宙若有起始与终结，则问题更为复杂。请问：什么因素（无名的力量，或全能的神明）使它出现，最后又为何让它消失？这是无谓的偶然事件，还是特别设计的行程，其中含有某种目的？

即使不谈宇宙本身是否永恒，我们也不能忽略宇宙内部在变迁发展之中。凡是变化之物都有使其变化的理由。譬如，受到外力影响，或者由于内部的要求，亦即内部有所缺乏而必须借由变化（包括生长、运动等）来达成？换言之，唯有完美之物是不再变化的。宇宙内部既然流转生灭，可见它并不完美。由此推论，对宇宙有两种看法：一种认为，宇宙不是永恒的，而今日科学上所谓的黑洞说与爆炸说都假定宇宙有开始也有结束。这时就须进而思考：宇宙存在有何目的？一般人会把焦点拉回地球上的我们，相信宇宙是为人而造的。但是，如果将来有一天宇宙消失，则一切人类的文化结晶又有何意义？另一种则认为，宇宙内部尽管充满变化，但是宇宙本身却可以是永恒的。不仅如此，宇宙本身不能成为我们认识的对象，因为我们身在其中，没有定点可以从事观察。所谓“不识庐山真面目，只缘身在此山中”，正是此意。

于是，我们关于宇宙的知识总是有限制的，以“时间”为例。亚里士多德认为，时间是我们计算运动的过程，而所谓计算却不能离开内心状态的变化。那么，如果人类不存在，如果没有人的心灵去计算，还会有时间吗？近代物理学家牛顿（I. Newton，1643—1727）提出机械论的宇宙观，肯定时间与空间都是绝对的，由此安排一切规律的运动。法国哲学家伯格森（H. Bergson，1859—1941）则分辨时间与绵延，认为前者是概念化的，后者才是真实的时间，由人的直观所领悟，使人的意识生命形成整体，由此再产生自由的行为。

哲学家的想法常以“人”为焦点，连对宇宙论里的时间与空间亦不例外。譬如康德在探讨人的理性能力时，就把时间与空间由外在拉入人的内心，所以时空不能由实际经验而得，却是这些经验之所以可能的条件，因此它们是人的感性之先天形式。但是，康德并不因而否定外在的物理空间，以及日常生活的时间，否则他如何每天准时出门散步呢？类似的例子是当代德国哲学家海德格尔，他以时间作为自我抉择之前提，是人肯定真我或放弃真我之契机，过去与未来可以在“现在”得到保存，开拓了生命的向度。

如果参考科学家的研究，则20世纪以来的相对论、量子论、测不准原理等，都大幅度改变了我们对宇宙的认识。英国哲学家怀特海以此提出新的看法。他认为，在“空间”中，每一体积皆在自身反映出其他体积，每一段“时间”的延续也在本身反映出一切时间的延续。“时空”合而观之，是事件相互之间的秩序，以及事件本身某些特质的展示。如此，“自然界”可以视为“摄受统一体的综合”，成为一个扩张性的发展过程；它必然地从一个摄受体过渡到另一摄受体，而使过去、现在、未来形成动态的辩证关系；它本身又是一个演化过程的结构：实在就是历程。这种观点与中国的机体论宇宙观有些近似。

我们固然重视科学家的新发现，但是也明白：宇宙本身是什么，与宇宙对人而言是什么，这两个问题不可能完全一致。既然如此，我们不妨转而思考：在这样的宇宙中，我们如何善度人生？所以历代哲学家的宇宙论虽不完善，但仍可与人生建立密切关系。

形而上学

形而上学探讨最根源的问题，譬如：我们所见的世界究竟是实在的还是虚无的？若是实在的，它的最后基础或最终原理是什么？

形而上学探讨最根源的问题，譬如：我们所见的世界究竟是实在的还是虚无的？若是实在的，它的最后基础或最终原理是什么？一般人熟知的“唯心论”与“唯物论”，就是分别以心与物作为上述问题的答案。但是形而上学显然还有丰富的内涵与其他的解释。

首先，形而上学研究的是什么？它的对象是一切存在之物，但是并非就个别事物的特定情况去思考。在此先说明三种抽象。第一是物理抽象，就是我们平常使用的概念或名词，已经抽离了个别物体的特殊状态。譬如，我们见到个别的人，各不相同，但是却可以用“人”的概念加以涵摄。人的概念就是物理抽象之后的结果。若无此种抽象，我们根本无法建构任何事物的知识。第二是数学抽象，就是只注意一物之形式与量，看它是否可以计算或纳入形式，如此才可进行数学运算，并推展到较高深的知识。数学之所以重要，在于它一方面牵涉个别事物；另一方面又有普遍性质，不受时空中的具体情况所影响。

第三才是形上抽象。形上抽象最高，因为它不仅不问对象的性质，也不问其形式与量，所问的只是：它是否存在？一物若存在，则非虚无。就其为一“存有者”来看，而不就其为其他东西来看，我们可以问：宇宙万物都是相通的吗？有无确实存在之基础？答案是肯定的。换言之，只要真有一些东西存在，它们就必有最终基础或充足理由。因此，形而上学的第一原理有三：一、同一律：甲就是甲，凡存在之物都是它本身，不能同时是又不是；二、不矛盾论：甲不是非甲，凡存在物不能同时在同一观点下是又不是它本身；三、充足理由律：凡存在之物都有充足理由来解释其所以如此存在及其所以存在。

以此三项原理，可以建立知识的基础，亦即知识并非人所虚构，而是真的存在。其中特别值得注意的是“充足理由律”，因为它不但涉及知识，还涉及有关存在的知识。试问：我们所见的自然界与人间世固然存在，但是它们自身充满变化，没有最后的基础与充足理由的话，如何可能存在？因此，形而上学必然遇到一个统合的问题。若以一统多，以“存有”统合万物，那么这个统合一切的“存有”本身是什么？

一方面，它是超越的，不能随着万物的变化而变化；另一方面，它是内存的，以便彰显于万物的存在及发展上。中世纪哲学家托马斯·阿奎纳（Thomas Aquinas，约1225—1274）认为：存有本身有三个超级属性，亦即可以互相代换的性质，就是：一、真、善。就“一”而言，存有之外，只剩虚无，因此存有为一整体。就“真”而言，人的理智必以存有为认知对象，亦即凡存有皆可知，它是一切真理之基础。就“善”而言，人的意志必以存有为欲求对象，亦即凡存有皆可欲，它是一切善行的基础。

关于“存有本身”的内涵，显然已经超出人类知识的范围。西方中世纪哲学家由于信仰的启发，多以存有为上帝。但是即使托马斯也只能说：关于上帝，我只能说他不是什么，却不能说他是什么。哲学家可以肯定上帝作为存有本身而存在，并且必须存在，但是对于上帝的内涵却须由宗教信仰来说明。

中国哲学也有形而上学的部分，不过大都与实际人生的需要牵连一起。譬如，古人所信的“天”，就是解释人的生命来源（如“天生烝民”）与人间价值判断（如“天道福善祸淫”）的最终依据。孔子与孟子仍以“天”作为个人使命之来源与归向。道家老子则显示较为纯粹的形而上学反省。譬如，“道”是无名的，不可成为认知对象，但是它的作用无所不在，自身却又恒存不改，合乎“既内存又超越”的条件。由此可知，形而上学是人普遍的及最深的倾向，任何负责的哲学家都无法忽略人性的此一需要。

伦理学

伦理学想要说明一个社会中的善恶概念，“应该”与“不应该”的判断基础，以及人为何应该行善避恶。

人群所组成的社会，都有固定的行为规范，用以判断是非善恶，通常它是以风俗习惯的面貌出现。对它作较为深入而完整的反省，就是伦理学的任务了。伦理学想要说明一个社会中的善恶概念，“应该”与“不应该”的判断基础，以及人为何应该行善避恶。

大体来说，西方伦理学研究有三大趋势。第一个趋势是尽量作客观的描述，对一个现存社会中的道德原则与善恶概念加以分析与评论，看看能否找出理想的典型。但是，这一趋势往往走入“功利主义”，尽可能地考虑大多数人的最大幸福。如此一来，甲社会的道德规范，未必适用于乙社会，反之亦然。于是，根本没有普遍的道德要求了。不仅如此，一旦时代与环境改变，就须修正原有的道德观。

第二个趋势是强调道德的规范作用与普遍性格。道德要求不仅是客观事实，也是每个人的行为所必须依循的。或是基于人性，或是出于社会生活的需要，也可能由于上帝与人的关系，人必须奉行道德原则，培养德行，以便达成人生目的，实现人生意义。这是伦理学与社会大众都关怀的题材，也是伦理学合宜的研究态度。不过，如何证明某些道德要求具有普遍性？如何断定人性的特质？这些问题若不借助于特定的信仰（如基督宗教、佛教），就不易得到明确而有效的答案。但是，一旦借助于信仰，则不信之人又该如何接受？这个问题十分棘手。

第三个趋势是不看伦理学命题的内容，而只注意其形式。例如，道德判断是客观的还是主观的？道德信念与我们对事实的信念之间，有何逻辑的关联？甚至一切道德论证的逻辑规则是什么？这一趋势被称为“后设伦理学”。其中不乏有趣的讨论，但与伦理学所要对应的人生行为无关。

现在，面对抉择，我们如何判断善恶？一般的参考标准有：法律、习俗、功利、快乐、进化、良知。若要强调道德判断之普通性，亦即同一行为不能在甲时甲地为善，而时地条件改变之后，就成为不善或恶了，那么，法律、习俗、功利，显然无法适用。快乐是以个人为标准，进化则须界定未来的人类，两者也无法对应现存众人之需要。于是，剩下的只有“良知”。不过，人的判断及抉择并非纯粹出自一个原因，而是牵连复杂的考虑的。所以，我们即使同意“良知”是善恶的主要判准，也不表示社会上各种现存的规范是无效的。

事实上，即使人有良知，它的状态也不是纯粹的，它往往混同了个人的教育背景与环境及性格等因素。譬如，每一社会都有流行的格言或金律，其中不乏道德上的训示。我们的良心固然要求自己行善，但是对于善的内容的判断则无法摆脱个人背景，而找出普遍的原则。

因此，伦理学的研究常会推溯到“人性”的问题上。人性是本善还是本恶？是向善还是向恶？或者是无善无恶、可善可恶？若主张人性本有善或恶，就是混淆了事实与价值，无法解释人间善恶并存的现象。若主张无善无恶或可善可恶，则人生何必一定要行善避恶？其中显然缺乏内在于人性的理由。由此可见，人性若非向善就是向恶。何者正确？如果依据人的道德表现来看，那么首先，人是自由的，可以选择善或恶，但是选择善，会有心安及快乐之感；选择恶，则有不安及自责。结论是：向善最能解释人性。

与此相关而十分重要的问题是：什么是善？善是“人与人之间适当关系之实现”。这个定义固然是儒家哲学的启发，但也符合伦理学对人群生活的行为规范所作的反省。如果不引用宗教信仰对善恶的戒律，而单就人的理性在思考时所能得到的结果来看，“人性向善论”在说明伦理学的主要原则上，无疑是值得我们重视的。

宗教哲学

今日科学昌明，宗教照样蓬勃发展。原因很简单，科学是以理解宇宙为目标，宗教却要建构人与超越界之间的关系，使人生得到终极的安顿。

宗教的存在，是远古以来即有的事实，并且普遍可见。即使今日科学昌明，宗教照样蓬勃发展。原因很简单，科学是以理解宇宙为目标，宗教却要建构人与超越界之间的关系，使人生得到终极的安顿。

何为“超越界”？由于自然界与人间世都在变化之中，因此需要一个恒存不易的基础作为充足理由。一方面可以说明万物之存在，另一方面可以为人间世的价值判断提供最后依据。中世纪哲学家奥古斯丁（Augustius，354—430）沉思人心的不安，以致呼吁：“上主，我的心灵除非找到你，否则永不安息。”在此，上主或上帝就是指超越界而言。

宗教既然是普遍存在的现象，又涉及人生的终极安顿，那么哲学自然应该对它作深入的反省。西方传统哲学的主题之一，就是“上帝存在”问题。主要的论证有三：一是观察宇宙的变化，推究其根源，应有一个最后因或必然存在的实体；二是根据上帝的定义，由于“上帝”概念是指“不能设想比它更大的存有者”，所以它若不存在，就不符合此一定义的要求；三是鉴于宇宙万象井然有序，有如经过设计，并含有一定的目的，那么这种设计与目的正是来自上帝。

以上三种论证即使有效，也只能证明有一个哲学家的上帝存在，未必相应于宗教信仰中的上帝。换言之，理性在此遇到限制。信仰与人的意志、感受，应有更为密切的关系。譬如康德，就在“实践理性”中，以意志去要求上帝存在，使它与道德相互依存。美国哲学家威廉·詹姆士（W. James，1842—1910）强调“信仰之意志”，认为只要人愿意去信，并因而对自己产生重大影响，如改过迁善、牺牲奉献，那么他的信仰就是真的。另外，德国哲学家施莱尔马赫（F. Schleiermacher，1768—1834）主张，宗教是绝对依赖的感受。人发觉自己的有限性；无法自求安顿时，就须与超越界建立关系。

然而，超越界是由人的意志要求所设定或主体感受所期盼的吗？或者超越界本身确有自己的存在，只是由于它是超越界（因而也是绝对界），所以无法成为认知的对象？换言之，是因为有超越界，所以人心对它向往；还是因为人心对它向往，所以有超越界。

奥地利心理学家弗洛伊德（S. Freud，1856—1939）认为，宗教信仰中的上帝只不过是人心之投射，是一厢情愿的表现而已。的确，人心可能为上帝加上主观色彩，甚至过度美化及拟人化。但是，美丽的描绘仍需有所根据，亦即若非人心在结构上普遍都有此一渴求，因此描绘大同小异，就是真有上帝存在，让许多人信靠仰望。人类想象得太美好的上帝不存在，并不表示真实的上帝不存在。于是，问题可能出在“语言”上。

宗教语言并非是客观对应或实事求是的，而是借符号象征来指涉，并且以辩证方式来表达。譬如，第一步，“我相信上帝存在”，这时所用的“存在”一词，不是指相对世界中感官或思想的对象，而是指一种绝不可能落空的存在；第二步，“上帝”是指我对生命基础的信念，亦即人生不是幻灭无常的；第三步，一定有“我”在内，暗示这种信仰将左右我的实际作为。若有信徒如此宣称，别人只能暂且接受，并观察其后续的表现，是否显示信与不信之差异。若有差异，则其信仰有效。也许有人因为自己的体验不够，无法肯定或否定宗教语言，但是却没有必要预先设限，认定自己绝无宗教的向度。

各大宗教有自己的一套教义、仪式、规范与合理表达，彼此若要沟通，可由两个层次，一是道德实践上的印证，二是最高境界，如密契主义（Mysticism）经验所展示的合一。由宗教哲学看来，则需讨论双方对超越界与人性之观点是否可以融通。其他的相关题材有：神话、救赎、奥迹、灵魂不死等。总之，宗教是人与超越界所建立的关系之具体表现，哲学反省除了解说其中的语言与仪式之意义，还可以在此对人性得到深刻的洞识。

美学

“美学”的简单定义是：对直接经验及其对象之研究，特别就美的本身之性质，作概念上之描述，或者就人的审美感受作直觉的报道。

“美学”一词的字源来自希腊文，意思是对一般感觉经验的研究。到了18世纪中叶，才由鲍姆加登（A. G. Baumgarten，1714—1762）正式定名，作为研究在自然界与艺术中的“美”的概念。但是，自柏拉图以来，西方哲学家早就注意到“美”的问题了。与美直接有关的是艺术作品，但是这一类作品能否体现及传达知识，进而为真理服务呢？柏拉图认为不能。不过，他不曾否定“美”的价值，甚至认为美的理型与善的理型应该是合一的。

如果肯定“美”的存在，那么它在哪里？若是在于美的对象，则对象必须是比例匀称、完整协调、纯粹亮丽，或者还有其他条件；若是在于欣赏的人，则与个人的兴趣、品位、性格、思想、感情特质等有关。前者被称为客观论，后者被称为主观论。

依客观论的说法，艺术是“模仿”有形世界；依主观论的立场，艺术则是“表现”内心感受。无论模仿或表现，它们的前提都是肯定了审美感受。康德对于审美感受特别重视，认为它联系了自然界与自由界，使人的认知能力与意志要求不致完全割裂。它一方面是普遍的，另一方面又与利欲无关，同时可以符合目的效果而又不用真的去实现某种目的，亦即“无目的的目的性”。此时带来的是愉悦，好像一切未经安排却又恰到好处，自然的与应该的之间，并无鸿沟。以此推知，审美活动是自由的或解脱束缚的。席勒（J. C. F. Schiller，1759—1805）以“游戏”名之。人只有在游戏时，才感觉不到本能的驱迫与理性的要求。游戏冲动的对象是活的形象，也就是美。如果针对人在追求真理与实践道德双方面的行为来说，则审美活动确实像是游戏：使人自由自在，也为人带来愉悦之感。

虽然审美感受是个人的，但是透过艺术作品的接引，它也可以产生共鸣，进而成为社会教化的途径。托尔斯泰（L. Tolstoy，1828—1910）再三强调艺术在道德上及社会上的价值。柏拉图在谈论青少年教育时，也不曾忽略音乐的重要。与此对比，儒家对“人文之美”十分重视，认为完美的人生应该以礼乐教化来陶冶天生的材质与性情，亦即在成为对社会有用的人之外，还须品味艺术之美，点化困境，求得身心之安顿。道家则由智慧观照一切，看出万物平等的实相，不再以分别心、功利心、得失心去衡量一切之价值。此时的心境是解脱自在的，于是万物皆成为审美活动的对象，是所谓“天地有大美而不言”。

因此，“美学”的简单定义是：对直接经验及其对象之研究，特别就美的本身之性质，作概念上之描述，或者就人的审美感受作直觉的报道。另外，美有自然美与艺术美两类，但是就美的展现不能脱离欣赏的人而言，自然美也属于一种艺术美。于是，美学也是对艺术作哲学的研究。

当代美学侧重艺术哲学的一面。其中一派探讨艺术理论，说明它的基础是形式还是表现，是符号还是心识等。另一派则分析艺术中的一些概念，如艺术作品的意义、意向、表象、幻觉等。以此可以推知，美学的范围日益扩大，几乎艺术中的每一分支皆可冠以美学之名，如音乐美学、戏剧美学、小说美学等。同时，由于艺术涉及创作者的心灵活动，所以心理学中对创意、想象、天才、遗传等的研究也成为相关题材。

然而，就哲学上的美学来看，各家各派都有自己的立场。他们先对实在界的本质，如人性、大自然等，有了基本主张，然后推衍到人的感受能力所对应的“美”。因此，单就美学而言，不易找到共同语言，也无法成立普遍适用的美学理论。不过，我们不能忽略的是，哲学的各门学科中，美学又是最能接近大众的生活世界，与他们的感受、愉悦、痛苦息息相关的。人的天性中，有爱美的成分，因此，美也是一种真实。美学的重要及需要，由此可知。

哲学与人生

哲学与文化传统相关，又与实际人生无法脱节，因此我们研究哲学的人最后总是希望在两方面有所贡献：一是借着学习西方而重新理解及诠释中国；二是要把哲学落实到现代人的生活中，发挥其指引的作用。

哲学是今日大学的一门学科，在理论上有一定的历史传承与主流系统。仔细分析其中的主要课程，我们发现它的架构与内容都以西方哲学为依归，这是考虑概念与理论之清晰性、完整性及连续性时所做的选择。但是，由于哲学与文化传统相关，又与实际人生无法脱节，所以我们研究哲学的人最后总是希望在两方面有所贡献：一是借着学习西方而重新理解及诠释中国；二是要把哲学落实到现代人的生活中，发挥其指引的作用。

先就“落实”一面来看，大致有两个层次。一是为各门学科提供基础性的反省，譬如在政治学、社会学、教育学、经济学之外，可以成立政治哲学、社会哲学、教育哲学、经济哲学。其性质有些类似宗教哲学与美学，都是要由哲学角度深入剖析及评价这些学科的基本概念、主要判准与命题，以及其中的预设。这项工作仍局限于大学范围中，是研究科技整合的人所不能忽略的。至于对自然科学所做的类似探讨，就是科学哲学了。不过，今日科学分支太细，哲学家难免有心余力绌之感。

其次，哲学对一般人有何意义？从日常生活表面看来，并不需要哲学。但是，人生难免有面对“选择困境”的时候，此时就须依赖一套价值观了。其实，人人心中都有一套价值观，只是未经过反省，以致无法显示指引作用而已。哲学所提供的方法与架构，可以帮助人“化隐为显”，直接而有效地思索人生意义。不过，价值观又非个人可以任意选择的。于是，哲学提醒我们：在痛苦、罪恶、灾难、死亡这些严酷的考验之前，必须以真诚的态度回归内心，看看能否获得启发，或者必须向上一跃，寻求接触超越界之可能性。

身为中国人，研究哲学的任务之一，是要重新理解传统中的理念，试图提出新的诠释，以求再生活泼的力量，使今日国人可以取为价值观之依据，得到安身立命的善果。譬如，儒家对人性的看法与道家对自然界的看法，是否只是描述现实状况，甚至只是幻想中的乌托邦？这些问题若不辨明，我们如何可能又何必一定接受儒家与道家？由此观之，中国人必须明白什么是中国人，同时也须了解什么是人。

就哲学而言，它的任务是三方面的：一要澄清概念；二要设定判准；三要建构系统。若是概念未能澄清，大家各说各话，无法沟通，也无法反映真实世界，更不可能积极朝着理想去改造一切。另外，人有自由，能够选择也必须选择，那么价值观的判准何在？哲学要探讨各家各派的预设及命题，尤其要注意其中与人生有关的部分，因为这些地方稍有差错，后果将十分严重。然后，哲学家要把自己的解释建构为一个系统，像孔子所云，“吾道一以贯之”，既有中心思想，又能涵盖复杂的事象与理论。

关于中心思想，并非全属个人信仰或信念。信仰是不可置疑的，以个人之许诺与矢志奉行的教义为前提，而教义必定涉及此世以外的范围。中心思想则专就此世可见之现象，求一连贯解释，但是在尚未确知答案时，暂且取来一用，因此它常在印证过程中得到肯定、批评、怀疑或否定，也因此它会随着个人经验而修正、转化、提升。于是我们知道，哲学家不能没有中心思想，但是此一中心思想是出发点，保持开放状态，随时等待经验之响应，其中尤其是与价值有关的经验，如道德、审美、真知、信仰等，对于中心思想的塑成，影响尤大。

方东美（1899—1977）先生说："哲学不能烘面包，但是能使面包增加甜味。"的确，哲学不能改善我们的物质生活，但是却能让我们明白生活的意义，因而活得更有滋味。人的理性可以向外探索，也可以向内反省，更可以超越内外与主客，达到合一的境界。这一切又须由知与行互相配合，在不断地努力下，培养智慧、发现真理、印证价值，使生命表现为充实、圆满、和谐、快乐的历程。

“真”是什么？

世间纷纷纭纭，是非对错难以定案。与其求一相对的知识，不如敞开心胸，学习庄子所说的：“有真人而后有真知。”

亚里士多德说："人类天性渴望求知。"求知来自好奇心与理解力。小孩喜欢追问：这是什么？为什么？怎么回事？得到答案或发现真相，就会产生满足的快慰。然而，谁能求得一切知识？谁能在一生之中，通晓所有的真理？庄子说："吾生也有涯，而知也无涯，以有涯随无涯，殆已！"到图书馆走一圈，常会觉得求知的渴望受到挫折，学海无涯的悲哀浮现心头。

既然求知是天性，那么在有生之年若不自我麻醉，就自然会以某种方式继续学习。学习的目的是求得真理，因此不妨分辨：什么是真理？西方的基本立场是：思想若与实在界符合，即称为真。譬如，思想所形成的概念与判断，如"世界有六十七亿人"，究竟是真是假？就须由事实上的统计而得知。但是，这种真理不是会随着时间的改变而消失吗？是的，因此必须加上"时间"条件，指明是在2010年。人类社会与历史事件中的真理，皆受此一条件所限，因此不能以今日标准来为二十年前的事件翻案，除非当时的判断已经偏离了当时的标准。

那么，自然科学是否包含更多真理？譬如，关于风雨雷电的现象，自然科学的解释是放诸四海而皆准的，因此在久旱未雨时，原始部落的祈雨，与今日政府官员的祈雨，同样是不相干的，差别在于：原始部落科学未昌，除了求神，别无良策。今日社会科学大盛，难道不知何以某些地区缺水？既然知道，为何不早做准备？此时祈雨，是放弃科学知识，还是回归原始蒙昧？或者以为大家都像自己一样，喜欢作秀？

科学真理的特色是“至今有效”，明天若有新仪器、新方法，可能就有新发现，改变了过去的知识。那么，有无永恒的真理呢？在此，人文世界值得探讨，像本文开头引用亚里士多德的话，谁能反驳？若是反驳，不正好是渴望求知？我不想列举这一类知识，却想说明怎样可以由知识转化提升为个人的生命智慧。以下三个步骤可以参考。

第一，向外求知。这是一般所谓的念书，念得越多，见闻越广博，上自天文，下至地理，中及于人间万象，都可以用来表达个人心得。西方把“博士”之名封给最高学位，在其原文是“哲学博士”，正是因为“哲学”所代表的是“爱智”，就是永远在追求智慧而绝不停止。因此，念书应该成为个人习惯，才能不受世俗过度干扰。不过，知识与智能之间，还有一步必须跨过去，就是向内反省。

第二，向内反省。不论念了多少书，都是别人的研究成果，我们只是借来受用而已。若是记忆力衰退，所念之书日益模糊，岂不可惜？因此，念书应该向内反省，就是以“自己”的生命作为实验，用心体会书中道理，并诚心实行，看看这些道理是真是假。譬如，孟子说：“惟顺于父母，可以解忧。”孝顺父母就可以解消一切忧愁吗？我个人有何体会？若无体会，这句话只是口号；若能体会，人生自此得一明灯。

第三，一往平等。西谚有云："真理使人自由。"意思是：人若领悟真理，即不受困惑所摆布，心灵可以自在愉快。这是何种真理呢？一往平等的真理。知识所偏重的是万物的差别相，越分越细，智慧所观看的却是万物的共同相，能够异中求同。庄子说："天地与我并生而万物与我为一。"能到此一境界，自然不会计较人间的得失利害与成败。何况祸福相生相倚，今日得意，来日失意，反之亦有可能。既然如此，何不保持一颗平常心，以"平等"对待万物，"不以物喜，不以己悲"，求得真正的自由与解脱？唯有一往平等的精神，才能使人在求知时不致为欲望所操纵，进而可以享受领悟真理的乐趣。世间纷纷纭纭，是非对错难以定案。与其求一相对的知识，不如敞开心胸，学习庄子所说的："有真人而后有真知。"

“善”是什么？

唯有行善，我们才能得到快乐，“人际关系”是兼顾仁爱与正义的原则，先求正己，再求正人，使人我双方都日趋完美。

孟子说："可欲之谓善。"他大概没有想到，西方对"善"的定义正是"值得欲求者"。但是两者的立论背景与基本观念仍然大不相同。以西方来说，谈到"可欲"，难免随主观的认知与需要而改变，那么，天下之善岂不都成了相对的？那么，又何必从事道德教育？

在此，先区分三种"可欲"。一是因为"有用"，所以可欲，如想要买车代步，以及一切可资利用之物。二是因为"令人愉快"，所以可欲，如自由、爱情等。三是因为"内在价值"，所以可欲。凡是具有内在价值者，才是真正的善，也才是所有的人都"应该"欲求的。

然而，何为"内在价值"？就是它本身不能成为工具或手段的，如财富与健康，都是我们获得快乐的条件，因此不能单单视之为善，却须问自己：要以财富健康去达成什么？以此推论，最后的答案是：达成人生目的，但是人生目的又是什么？是人性的充分实现。再问：人性是什么？

因此，道德教育的内涵是说明人应该欲求什么，再归结于：人性是什么？不能辨明这个问题，如何肯定善的普遍性与必然性？以亚里士多德为例，他认为"人类天性渴望求知"，因此"知识”应该是人人欲求的善，不过知识本身极为复杂，怎能全部称为善？并且，知识也可能成为工具，以求获得更高的善。

探讨人性，儒家独树一帜。孟子说的“可欲之谓善”，是指“心之可欲”，而非物质或身体的可欲。由心说性，这种人性是什么？是《三字经》所说的“性本善”吗？

用来劝导小孩的书，不论有无教化意义，都未必与现实人生相符合，因为其中所标举的是理想状态。真正的儒家是同时考虑现实与理想两面的。如果人性本善，不但无法回答“恶”的由来，也无法解释实际上人确实有一些劣根性。因此，我们愿意指出：如果仔细研究儒家原典，会发现其立场是“人性向善”。

以“向”来说，它代表人有自由，又有内心直觉的反应。自由是指，人有能力行善，也有能力行恶。内心反应是指，行善则心安，行恶则心不安。两者合而观之，可以肯定人确是具有潜能与愿望，要以行善来满足内在要求的。

以“善”来说，是指“人和人之间适当关系之实现”。儒家重视人伦，如传统五伦包括“父子有亲、君臣有义、夫妇有别、长幼有序、朋友有信”。由此推而广之，可以涵盖所有的人，非到世界大同不可。这样的“善”观念是十分具体入世的。儒家为何“知其不可而为之”，明明没有希望了，他照样努力奋斗？因为他的目的不是外在的功名利禄，而是为了实现自我内心“向善”的要求。一个人若有能力没有发挥，或者看到周围有人受苦而自己坐视不管，心中就会觉得不安与不忍。

当然，人类社会自古以来不曾完全安定和谐，个人能力再强也不可能为所有人谋福利。因此，政治上的合理制度与教育上的普遍机会，就成了儒家所坚持的理想了。孔子与孟子无不致力于此。

以现代人的背景来看，若要追求“善”的价值，就必须由亲及疏，由近及远，妥善安排人我关系。譬如，“百善孝为先”的古训，就是十分正确的。由孝、悌、忠、信开始，推及整个社会，才是有原有本的做法。源头活水在于“内心的真诚感受”，具体实践时，则须体认“对方的期许”与“外在的规范”。然后选择合宜的言行，来表达及呈现个人的心意。

唯有行善，也就是保持人际关系之和谐，我们才能得到快乐，但是所谓“人际关系”，绝不是指好好先生或乡愿，而是兼顾仁爱与正义的原则，先求正己，再求正人，使人我双方都日趋完美。个人在如此实践时，向善的人性也更趋成熟了。

“美”是什么？

把儒家与道家合而观之，对于“充实之美”与“虚灵之美”的妙谛都可以明白及受用，人生的乐趣自然日益增加了。

我们常说“某人很美”“某花很美”，好像这种判断是大家可以接受的。事实上，在讨论“真、善、美”时，美是最没有根据的。你可以说人性求真，也可以说人性向善，但是若说人性爱美，则等于说人各有所好，海边的逐臭之夫亦可自称爱美了。

原因何在？在于美的本质是“令人愉悦的”，因此它随人而异。各人的气质、背景、观念不同，加上文化传统的影响又大，譬如，中国人推选的美女如何让西方人或非洲人欣赏呢？美是缺乏客观性的。西方哲学曾经探讨客观之美，认为一物若是具备“结构完整、比例匀称、模样清晰”三条件，就是美的。即使如此，照样不能忘记，是“谁”在审美？这个审美者本身的修养扮演了关键角色。对一个流浪汉来说，酒瓶之美犹胜于蒙娜丽莎的微笑。

稍加分析，可知人的审美是由“感受”（或感觉、感情）来决定的。感受有当下立即的作用，必须由个体而领会一物之合宜妥适，同时又不能引发任何求知及可欲的念头。这正是康德所谓“无目的的目的性”。心中不存目的，遇上了又觉得恰到好处。

譬如听音乐，我事先“知道”这是帕瓦罗蒂的曲子，也预期可以“欣赏”一段美声，但是随着乐曲的进行，到达浑然忘我的地步，只“觉得”自然妥当，无懈可击，陶醉不已。这就是美感。我也可能走在街上，忽然听到一段不知名的乐曲，顿时心中欢畅，无以言宣。这也是美感。“无目的的目的性”可以以此二例推知。

当然，欣赏者本身的修养越高，越能看出宇宙万物之美。辛弃疾有一阕词，其中一句是：“我见青山多妩媚，料青山见我应如是。”能由青山与我的对照，表现万物之美皆在于主观心境。

因此，审美教育十分重要。中国传统以儒家与道家为两大学术系统，对于“美”的观点也各异其趣。儒家无法纯粹为了欣赏而欣赏，因为它的关怀在于人间。譬如，孔子说：“仁者乐山，智者乐水。”山水代表大自然，但是谁能与之呼应？是仁者与智者，而不是未受教化的原始人。孔子并不反对天生的质朴，但是更肯定“文质彬彬”，要把质朴的人性与礼乐教化配合起来，才能善度此生。这是“人文之美”的理想。像“里仁为美”，说明乡里若有仁风，才是美好的。美与善之间是互通的。

何以如此？因为人性向善。若非嘉言懿行，怎能令人心仪？孟子更进一步肯定了“人格之美”。他说：“充实之谓美。”一个人无论何时何地，都不疏忽自己应尽的职责，没有任何欠缺，才能称得起真正的美，才值得我们欣赏赞叹。问题是：这样的美似乎不是我们平常用来描写艺术品或大自然的。儒家对世间的深刻关怀亦由此可见。

道家由于观点不同，看出宇宙万物各有自己的规律，不必念念执着于人类社会，因而可以享受另一种“虚灵之美”。人若摆脱世俗的烦恼，不再为了名、利、权、位而忧心忡忡，就比较容易提升心灵，由一往平等的眼光去观看万物，然后体认其中确实像庄子所云：“天地有大美而不言。”以此为基础，就不难体会“万物静观皆自得”的境界，而觉得优哉游哉了。

如果把儒家与道家合而观之，对于“充实之美”与“虚灵之美”的妙谛都可以明白及受用，人生的乐趣自然日益增加了。除此之外，我们现代人还可以借着许多学习的机会，得知艺术领域的奥妙，如音乐、美术、戏剧、电影等，这就是我们常说的要有艺术修养，使人生多彩多姿。如果每天想的都是人间琐事，岂不辜负了自己的感受能力？因此，“得开怀时，且开怀”，只要自己有了审美品位，人间何处不能展现为美的世界？

“圣”是什么？

宗教所标举的“圣”，属于人的生命之整体的安顿。因此，宗教界的虔诚信徒使人肃然起敬，他们的信心与爱心有如世间明灯，照亮了大地。

"圣"是什么?

在探讨了真、善、美之后，对人的认知、意愿和感受的需要及潜力，作了比较完整的说明，接着可以由整体来思考人的安顿问题。中国古人谈"圣"，常指内在的道德修养已臻完美境界，并且与"天"相应，有如"天人合德"。《中庸》有云："不勉而中，不思而得，从容中道，圣人也。"意思是：自然去做的都是应该去做的，不必多想就得到了答案，从容自在就符合人生正途的要求。问题是：如何做到这一步?

西方谈"圣"，明白认定这是宗教领域，要由信仰上帝而有不凡的行为表现，如无私、博爱等，并且人生必须背十字架赎罪，至死方才解脱，因此活着的人不能称圣，只能努力朝向圣的理想前进。

以此看来，儒家的宗教功能表现在"自强不息""日新又新"的道德要求上。配合传统的祭祀（祭天地、祭祖先、祭圣贤），也可以在人间度一种宗教生活。问题是：儒家的圣不是出世取向，却明显肯定"内圣外王"（语出《庄子》），要在人间实现高尚理想。结果因而与政治及教育产生较深的依存关系，有时甚至忽略了超越性格的重要意义。在帝制时代，帝王称为天子，政治与宗教原本就有合一的作用及外观，影响所及，读书人常在“忠君”与“个人信仰”之间挣扎。至于民间，信仰流于折中妥协，且沾染了世俗的功利倾向，其利弊十分明显。满足欲望与安顿身心之间，不能画上等号。暂时的幻象与麻醉，更不能取代个人在德行上的自我期许。人并非生而完美的，世间更是充满痛苦与危机，宗教上所谓的圣与佛，其实并非自我否定，而是自我解脱及得救。

何以需要解脱？因为人生在世，总有各种痛苦及业障，束缚了人的心灵，常在生灭烦恼中打滚。佛教对“苦”的描写十分清晰：生、老、病、死、忧、悲、苦、恼、爱别离、怨憎会、求不得、贪、嗔、痴，都是人的生命及七情六欲所无法避免的。细究原因，则是“无明”。在没有智慧、缺少光明的情况下，以假为真，以妄为实，自寻烦恼，永无宁日。然后一切行动都在造业，有如滚滚红尘，形成天罗地网。这种可怕的状况，怎能忍受片刻？又怎能不想要求得解脱？

因此，宗教的目的在劝人“能舍”。只要看得破，自然比较容易放得下，就是不再执着于自我的得失成败，进而发挥博爱的精神。唯有“无我”，就是无私忘我，才能真正爱人助人。为了达到“圣”的理想，必须“德慧双修”或“悲智双运”，一方面有大悲愿，积德行善；另一方面有大智慧，看破一切迷惘与幻觉，然后人的心灵才能步步登上圣的境界。

的确，宗教讲究的是“永恒”，如果从“永恒”的眼光来看待人间，谁还会热衷于世俗的成就与享乐？“浮生若梦，为欢几何？”“生有何欢，死有何苦？”这些消极的悲叹，只是出发点，还须由此转为积极的态度，才是宗教的期许。宗教徒必定是善尽人间职责与本分的，能够“以出世精神，做入世事业”，坚持原则，永不退缩，牺牲奉献，死而后已。

只要是历史悠久、名门正派的宗教，都会支持上述的基本立场。可惜的是，今日社会的功利之风盛行，已经影响到宗教圈，使某些宗教为了迎合世人需要而降低品位与格调。我们需要宗教教育，让国民从小就知道人的心灵有一种最高向往，就是“永恒的精神世界”。只有摆脱物质与欲望，提升心灵向着“永恒”努力，我们才能安身立命，才能真正实现自我的一切潜能。宗教所标举的“圣”，不像真、善、美，而是属于人的生命之整体的安顿。因此，宗教界的虔诚信徒使人肃然起敬，他们的信心与爱心有如世间明灯，照亮了大地。

【附录一】

西方哲学背景知识[1]

古代哲学

古代哲学扮演源头的角色，在时间上从希腊城邦时期到罗马帝国时期。

1 本附录内容编选自傅佩荣著《一本书读懂西方哲学史》一书中介绍西方哲学史四个阶段的导论部分。

2600多年的西方哲学可谓“源远流长”。古代哲学扮演源头的角色，在时间上从希腊城邦时期到罗马帝国时期。奠定基础、塑造原型的是希腊阶段，史称“希腊哲学”，而罗马哲学只是它的后续发展而已。事实上，希腊哲学所设定的探讨方式，如思考题材与基本观点，直至今日对西方哲学界仍有可观的影响。

以希腊哲学来说，苏格拉底是个分界线。在他之前的哲学家所留传的数据大都是断简残篇，所提供的见解也较为具体素朴；从他开始，陆续出现了柏拉图与亚里士多德这一对师徒，著述丰富而体系完整，对于人类理性所欲探讨的一切问题，几乎都有所涉及。

哲学所谓的爱好智慧，是要以理性去探讨宇宙与人生的根本真相，由此获得启发，用以指引一般人的现实生活，并且评估我们生存其中的文化生态。对智慧的这种爱好，是人类与生俱有的，但是为什么它以如此明确的方式体现于希腊的这个时期与这个地区？

为了回答这个问题，就须由多方面认识与希腊有关的事物，如希腊的神话、宗教与城邦生活。

希腊的神话世界

这些神明所象征的，除了自然界的力量，也涵盖了人类社会“分工合作”的职能。每一种职业都可以找到自己的守护神，使它在社会上具有正当性。

在古代，每个民族都有神话。神话的内容是有关神明的故事，其中显示的是一个民族的梦想。梦想当然有虚构的成分，不过它的目的不是娱乐，而是弥补理性思考的不足。

如果用一句话描写希腊哲学的起源，那就是“从神话走向理性”。因此，首先要说明的是：希腊神话有何特色？它如何引领希腊人走向理性思考？

自从混沌初开，大地与深渊出现。大地演变出天神与山神、海神，然后大地与天神搭配生下了泰坦族（又称巨人族），其中有掌管河流、太阳、月亮、黎明的神，而最重要的是克罗诺斯，他推翻了天神父亲，然后与妹妹瑞娅生育了六个子女。他担心子女叛变，就吞噬了前五个孩子。第六个是宙斯，他侥幸逃过一劫，并在成年后迫使父亲吐出了五个兄姐。

以上是第一阶段的希腊神话，其中寓意大都针对自然界，自然界的现象只要具有某种“力量”，就表示它背后有个神明在操作。

宇宙一词，原指秩序在空间上井然有序，那么在此之前的自然是混沌了。天神（Uranus，Ur 表示根源）被克罗诺斯（Cronus，表示时间）所取代，因为时间使根源消失，并且时间也会吞噬在时间中产生的一切，直到具有统治意志的宙斯上场。

希腊神话的第二阶段是由宙斯所领导的奥林匹斯山诸神在表演。宙斯的同胞兄姐有祭祀神或女灶神赫斯底亚、农业神或大地女神得墨忒耳、地府之神哈得斯、海神波塞冬，以及天后赫拉。由此可知，宙斯虽然贵为天神，权柄最大，但并不是全能的，无法管辖一切领域。

这些代表“力量”的神明开始介入人类世界了。由宙斯所产生的新一代神明为数众多，最重要的包括：阿波罗，他是日神或光明理性，以九位缪斯女神为伴，又有医神阿斯克勒庇俄斯、阿泰米斯（月神或狩猎神）、雅典娜（战神，智慧之神，也是雅典的城邦之神）、赫淮斯托斯（火神或建筑神）、赫尔墨斯（传讯神）、狄奥尼索斯（酒神或欢乐之神）、阿斯特里亚（正义女神）、阿瑞斯（战神，残酷之神）。

这些神明所象征的，除了自然界的力量，还涵盖了人类社会“分工合作”的职能。每种职业都可以找到自己的守护神，使它在社会上具有正当性。另有两位神明不受天神宙斯的节制，他们是爱神阿佛洛狄忒（其子为厄洛斯，爱欲之神）以及命运之神茉伊拉（负责寿命、遭遇及其执行）。在爱神的威力之下，众神无不甘心顺从，能稍事抗拒的只有三位女神（雅典娜、赫斯底亚与阿泰米斯）。若是命运之神出手，更是所向披靡。

上述神话的具体内容，对希腊人来说是基本常识。公元前6世纪的希腊人，对宇宙与人生的理解，主要源于荷马的史诗《伊里亚特》与《奥德塞》，以及赫西俄德的《神谱》与《工作与时日》。换言之，他们就靠这些描写神明的故事与远古半人半神的英雄逸事来满足理性的初步要求。

神话帮助人们认识自然界，肯定社会分工的意义。其最重要的作用是，帮助人类了解人类自身的欲望。神明之间的矛盾与冲突，不正反映了人类内心在爱恨情仇方面的各种挣扎吗？现实中任何难堪的、可耻的、恐怖的、狂乱的言行，都可以在神话中找到类似的场景，如此一来，人们才有可能继续忍受活在人间的重重压力。因此，神话就是用神的故事来说明人类所需要理解的一切现象。

随着人类理智的开展，神话的局限性也越来越明显。人类的好奇心在各种条件的配合之下，总会“从神话走向理性”的。哲学的诞生即在此一关键时刻。我们要继续探讨与此相关的宗教信仰。

希腊的宗教信仰

希腊宗教是多神论，并且显示了神人同形论。

希腊人信仰什么呢？所谓信仰，其对象当然是凌驾于人类之上的力量。在自然界与人世间都有各司其职的力量，负责掌管各个领域。这也正是希腊神话所宣扬的。神明所象征的是力量，力量即是诸神。

因此，希腊宗教是多神论，并且显示了神人同形论的倾向。在多神论的引导之下，祭祀神明的庆典自然繁复多样而且热闹非凡。宗教节日很多，这是以祭典表达对神明与英雄的崇敬，并以节庆赋予城邦生活的节奏。这种宗教的基础，并非虔诚的信仰，而是祭祀与庆典的活动。

至于神人同形论，即是把神看成像人一般，也有人的七情六欲。每个部族的祖先，若不是神明本身，就是神明与凡人结合所生的英雄。如雅典人的守护神是雅典娜，而爱奥尼亚人的祖先是阿波罗之子伊翁。

神明拥有力量，又与人同形同性，那么人类在生活的各方面都与神明息息相关了。希腊宗教直接影响的是以下三个领域：

一、法律：一个人出任公职或在法庭上宣誓，其誓词为："向宙斯、波塞冬与得墨忒耳发誓，如果我在任何事上违背了誓言，就会招致自己与家族的毁灭。"相对于此，"如果我遵守誓言，祈求神明赐我丰厚的回报。"

二、战争：军队指挥官在出征前要献祭，以此仿效众神或英雄，如率领希腊联军攻打特洛伊的阿伽门农，甚至以自己的女儿为祭品。后来到了亚历山大大帝（Alexander the Great，前356—前323）依然热衷于献祭，他在不同阶段献祭时，自以为是阿喀琉斯（特洛伊战争中的英雄）、赫拉克勒斯（著名大力士）与狄奥尼索斯（酒神）。

三、医学：希腊人相信疾病的原因与神明有关。哮喘如山羊，则祈求天后赫拉的怜悯；叫声如马嘶，则由海神波塞冬来治疗（波塞冬原是马神）。至于医神阿斯克勒庇俄斯的神殿更是香火不绝。苏格拉底临死前，还嘱咐好友："别忘了，我还欠阿斯克勒庇俄斯一只鸡。"这位哲学家的说法，是要凸显他的特殊智慧，意即"死亡是疾病之痊愈"。既然病好了，就应该如约还愿于医神。

希腊宗教的实用价值于此可见一斑。这种宗教还有什么特色呢？首先，它与人的良心无关。神明之超越人类，不在精神与道德，而在体力、美貌与不死。人与神的关系因而也是外在的与机械式的，亦即必须诉诸奉献牺牲、祈祷求福与占卜解惑。

其次，为了求福免祸，人们常以占卜预知未来。占卜的方法五花八门。遇到重大疑难，则前往供奉阿波罗的戴尔菲（Delphi）神殿，那儿有女祭司为人解签。另有一处多多纳（Dodona）神殿，供奉天神宙斯，也有助人解惑的女祭司。

祭祀的名目众多，并有交易性质，有如契约：祭则受福，不祭则受罚。罪恶有如疾病：可用外在的仪式去治疗，不涉及当事人是否忏悔。

然后，希腊人迷恋尘世，害怕死亡，他们祈求身心方面的丰富享受与卓越能力。阿喀琉斯死后，灵魂进入地府，不禁感叹说："我宁可活在世间做别人的奴仆，也不愿在死者的幽灵中称王。"人死只剩阴影般的幽灵，永无复活希望。此外，希腊也有神秘教派厄琉息斯，相信人在死后，可至天堂享福，一如神话中所描绘的奥林匹斯山的胜景。

上述宗教观也许可以响应一般百姓的需求，但无法通过勇于思索者的检验。它忽略了人在道德与精神方面的深刻愿望，而神人同形论更是浅陋低俗，没有真正的超越性可言。希腊初期的哲学家对于这一点提出不少质疑。哲学与宗教的关系简单来说就是：方向相同而方法不同。方向都是想要掌握人生的意义，但宗教诉诸信仰，而哲学的方法则是理性。在希腊宗教的背景之下，哲学家的爱智冲动即将脱茧而出，开拓一片新天地。在此之前，还有希腊的城邦生活值得一说。

希腊的城邦生活

城邦有自己的经济、宗教及文化特色，强势城邦（如雅典、斯巴达）成为盟主，为了扩张力量，常诉诸武力，造成大大小小的战争。

公元前六世纪的希腊并非统一的国家，而是城邦（Polis, City-State）林立。

亚里士多德研究了158个城邦。依他所说，每一个城邦都有一个市中心，加上外围的农地，处于两者之间的是家庭与村落。各城邦是自治的政治实体，但经常结为较有实力的盟邦。城邦有自己的经济、宗教及文化特色，强势城邦（如雅典、斯巴达）成为盟主，为了扩张力量，常诉诸武力，造成大大小小的战争。

城邦内部有派系斗争，外部有盟主压力，以致政治制度常在寡头制（oligarchy，由少数富人执政）与民主制（democracy，由平民选举执政者）之间动荡不安。城邦由公民、妇女与奴隶所组成。公民人数比例极低，约占15%，而大量奴隶是通过战争胜利所掳获的。妇女无法成为公民。公民年满20岁须服兵役，可参加公民大会，并有投票权；30岁即可轮流担任陪审团成员并承担政治职务。城邦各有法律，推其源于神明的启示。公民与城邦的关系十分密切。

以斯巴达（Sparta）为例，城邦居于内陆，周围多是敌人，所以采取全民皆兵。孩子的生长及养育皆由城邦督导，小孩7岁即须离开父母，接受公共官员指示，过集体生活。终年一件长衫，走路不穿鞋，睡在刺人的芦苇上。城邦有如营区，大家在公共食堂进食。禁止奢侈享受与商业行为。个人属于城邦，在战场上勇猛过人，宁死不降。斯巴达与雅典的联军打败波斯帝国的百万大军之后，这两大城邦各自结盟，引发长达27年的内战，最后虽然斯巴达获胜，但也从此一蹶不振。

再以雅典为例，它自梭伦（Solon，约前638—前559）立法之后，使公民在政治上享有平等权利。公民是自由的："他们真正的自己，就是他们的心灵，而这种心灵只有在为城邦服务时，才是他们自己的。"于是，公民可以发挥文学、艺术、建筑、哲学等方面的才华，在文化上有耀眼的表现。雅典在伯里克利（Pericles，前495—前429）主政时，达到全盛时期，他在公元前403年纪念阵亡将士的演讲中，宣称：雅典的民主政治肯定众人平等，并以服务城邦为无上荣耀，"我们整个城市，是希腊的学校”。

那么，在长达27年的伯罗奔尼撒战争（Peloponnesian War，前431—前404）之后，斯巴达取得胜利，他们准备如何处置雅典呢？按照当时的惯例，他们可以把雅典变成殖民地，甚至把雅典夷为平地，但是结果并非如此。斯巴达将军们在庆功宴上聆听诗歌，不觉悠然神往，就问“这诗是谁写的？”答案是“雅典人”。将军们异口同声地表示：“一个城邦能造就出如此优秀的诗人，不应该被人毁灭。”文化的力量保存了雅典，并且影响了整个西方文明，直至今日。

城邦生活未能平等看待女性。男女感情不受重视，结婚是为了传宗接代；男主外，女主内，妇女在家中活动，负责哺育孩子、烹饪及料理家务。男子之间的同性恋在当时相当普遍。年长者负责年轻人的教育与生涯规划，一起参与公民大会，携手共赴战场，相依为命。这种爱情也有可能发展出高尚情操，以寻求灵魂的完美境界为目标。

最后，以雅典为例的这种城邦生活，为哲学家的出现提供了良好的条件。

城邦有公共场所，如雅典的亚歌拉（意思是广场），成为新的空间，让人们自由来往与集会，由此凝聚理性的共识。公民平等互动，凡涉及公共利益的事务，皆可在公众面前谈论。政治家必须口才过人，用言语打动人心。

随着“言语”受到重视，讨论、争论、辩论的风气越来越盛，希腊人的思考力也随之提升。谁说的话是有根据的？谁的推理是循序渐进、合乎逻辑的？谁提的建议是具有实践价值的？这些都要在大众聚会的场合以公开方式展现出来。哲学家的爱智心态逐渐受到注意。

中世纪哲学

这“现成的”答案，“阻滞”了人们自由、开放而多元的思考，所以近代学者会以“黑暗”二字来描述中世纪。

中世纪哲学（Mediaeval Philosophy）从2世纪绵延发展到15世纪（约1450年），长达一千三百多年，约占整个西方哲学史一半的时间。但是中世纪常常被人一笔带过，说它是“黑暗时代”。这个说法合适吗？

这个时代在政治上是由罗马帝国所主导的。公元前146年罗马征服希腊，公元前31年罗马帝国建立，375年罗马帝国分裂为东、西二部，467年西罗马帝国灭亡，1453年东罗马帝国灭亡。相较于前面的希腊（以雅典为其代表），以及后来的文艺复兴运动，罗马统治时期在文化上的建树较为贫乏，只有在宗教信仰方面一枝独秀。

这个时代在宗教上是由天主教所主导的。哲学家所爱好的“智慧”，顺理成章地配合宗教的教义而进展。依柏拉图学派所描写的人生处境“身体是灵魂的监狱”来说，灵魂若是摆脱了身体这个监狱的束缚，那么它在人死之后何去何从？这个问题在宗教徒看来已有现成的答案。就是这“现成的”答案，“阻滞”了人们自由、开放而多元的思考，所以近代学者会以“黑暗”二字来描述中世纪。这里面显然牵涉了不少问题，值得进一步探讨，譬如：天主教在信仰什么？中世纪哲学究竟有何明确的内涵？

“基督宗教”之名

这儿所说的“基督宗教”，是“一教三系”的总称，因为这三系都相信耶稣是基督，是救世主，也是神的儿子。

关于“基督宗教”一词，在中文的使用上必须稍作说明。我们要先介绍其犹太教背景。

耶稣（Jesus，前 4—29）是犹太人，他在犹太教的传统中成长。犹太教是古代的一种民族宗教，大约在公元前 2000 年，民族祖先亚伯拉罕（Abraham）宣称其族与上帝立约，尊奉“雅威”（又名耶和华）为唯一真神。这是所谓的“上帝选民”，在人间备受考验，子孙沦为埃及人的奴隶。到约公元前 1200 年，才由摩西（Moses）带领逃离埃及，他在途中登上西奈山（Mt. Sinai），遇神迹得十诫，正式立教。十诫刻于板上，装于柜中，称为“约柜”。约柜所在之地即临时圣殿，伴随犹太人度过流离失所的岁月。

犹太人进入上帝预许的迦南地区，其领袖大卫（David）于公元前1004年称王，建立以色列国；其子所罗门（Solomon）继位，建立圣城耶路撒冷（Jerusalem），奉置约柜。公元前933年，以色列国分裂为二，北方仍为以色列王国，南方则为犹大（Judah）王国。公元前722年，以色列王国亡于亚述人，犹大王国保有耶路撒冷，为全民信仰之所系，所以后来才有犹太人（Jews）与犹太教（Judaism）之称。公元前586年，犹大王国亡于巴比伦帝国，圣殿被焚毁，约柜从此下落不明，犹太人自此经历“大逃亡”的苦难。此时先知出来呼吁，要犹太人悔改信奉唯一真神，将来必可重返圣城。

于是，犹太人认真编修《摩西五经》（指《旧约圣经》的前五书），并在各处建立会堂（Synagogue，正门皆朝向耶路撒冷），在安息日（星期六）聚会祷告，阐扬教义，推广教育，保存其民族性及特有信仰。选民只剩信仰，期待救世主“弥赛亚”（Messiah）的来临。

先后统治犹太人的有：巴比伦帝国（前585—前550）、波斯帝国（前550—前333）、希腊帝国（前323起）、托勒密帝国（前270起）。到公元前63年，犹太人聚居处成为罗马帝国的一个自治区，人口约占罗马帝国的十分之一。犹太人所盼望的救世主是能够带领他们在人间扬眉吐气的英雄人物。因此，当耶稣出现时，他所宣讲的教义与行事风格，确实让犹太人深感讶异。

有权有势的犹太人不承认他是救世主，还将他送上了十字架钉死。从地面高举起来的十字架，象征了一个新宗教的诞生，就是基督宗教（Christianity）。

耶稣在信徒口中，又称为“耶稣基督”，“基督”（Christus）一词有“救世主、弥赛亚、神的儿子”等意思。凡是信奉耶稣为基督的，就是基督徒，基督徒所组成的宗教团体，就称为“基督宗教”。由于中文翻译有些问题，就是我们把耶稣的首座弟子彼得（Petrus）所传承的译为“天主教”，而把16世纪马丁·路德（Martin Luther，1483—1546）宗教改革运动之后所兴起的译为“基督教”，如此一来，就不能使用“中世纪的基督教”一词，因为中世纪只有天主教，而尚未出现中文翻译的所谓基督教。因此，我们使用“基督宗教”这个比较笨拙的名词，实在是为了减少误解的缘故。不仅如此，更精确的区分是以下的三分法。

基督宗教：

天主教（Catholic）（始于1世纪，以罗马教宗为唯一领导）

东正教（Orthodox）（于1054年分裂而成，原名希腊正教，以君士坦丁堡为核心）

基督教（Protestant）（一般称为“新教”，原名改革派或抗议派，自1517年马丁·路德开始，至今已有两千多派）

使用概念自然以约定俗成、便于沟通为主，但是在介绍需要翻译才可沟通的西方文化时，又不能不回溯原文原义，否则无法促成正确的理解。譬如，这儿所说的“基督宗教”，是“一教三系”的总称，因为这三系都相信耶稣是基督，是救世主，也是神的儿子。他们所阅读的经典都是《圣经》（包括《旧约》和《新约》）。差异在于：是否在信仰上帝时，需要一元化的人间的领导？在阅读《圣经》时，个人是否可以直接接受启示？个人得救的关键因素是什么？某些教义与仪式是否有其必要性？这些问题又再牵涉人间的差异（语言、民族、文化传统等），就更显得复杂难解了。

天主教的发展

在不到四百年的时间，天主教徒从一个十几个犹太人的小团体，扩充成为主导整个大帝国精神世界的信仰机构，并且在西罗马帝国灭亡之后，继续作为基督徒世界的领导力量。

天主教的信仰从犹太教脱胎而来，其《圣经》在《旧约》之外，增加了《新约》，就是记录耶稣言行的《四部福音》以及关于耶稣门徒的《使徒行传》等。天主教不再局限于一个民族，而是演变为普世宗教。

就其信仰来说，天主教的教义包括以下重点：

（1）耶稣是神取了人的身体（Incarnation），亦即同时是人也是神。就其神性而言，与上帝为一；就其人性而言，与人类相同，但没有人类的原罪。使徒信条说得很清楚："我信仰神，全能的父，创造了天地；信仰我主耶稣基督，由圣灵怀胎，处女玛利亚所生，在彼拉多（罗马总督）治下受苦，被钉在十字架上，死了，第三日复活……”基督是联结神与人的桥梁，“神变成人，使得人可以成为神”。

（2）赎罪（Atonement）：使人的生命恢复完整，进而与神合而为一。亚当（Adam，神所造的第一人）得罪了神，由神之子来偿还，使人由罪的枷锁解放出来。人靠自己是无能为力的，既执着又无助，正如使徒保罗（Paulus）所说：“我不做我该做的，却去做我恨的事情。”人需要更高的力量，使自己回归根源。

（3）三位一体（Trinity）。神是三位（父、子、灵），但仍是一体（只有一个神）。先肯定雅威为父，以接上《旧约》传统；再肯定耶稣为子，倡导爱的教义；然后在耶稣死而复活并且升天之后的五旬节（耶稣复活后的第五十日）圣灵降临人间，使信徒充满活力。“爱”是一种关系，所以父（爱的源头）、子（爱的体现）、灵（爱的力量）构成完美的爱的关系，此即“三位一体”。

上述教义对一般人而言，显然有许多非理性的因素，但是它从整体人类着眼，化解了世间的各种阶级与对立；它提倡的爱是普遍而无私的；它肯定人会死而复活，为一生的言行接受公正的审判；它告诉人只要相信耶稣，走在正义的路上，将来可以得救，享受永生。这些教义在一般人看来，无异于黑暗中的光明，茫茫大海中的指南。以使徒保罗对“爱”的描述为例，他说："爱是恒久忍耐；爱是恩慈爱是不嫉妒不自夸不张狂；不坚持己见；不轻易发怒；不喜欢不义，只喜欢真理。凡事包容，凡事相信，凡事盼望，凡事忍耐。爱是永不止息。"这样的说法亲切易懂，感人至深，把信仰与日常生活的言行准则联系起来，对一般人造成的吸引力自然无与伦比了。

天主教的信徒日益增加，但由于罗马帝国崇拜多神（大多数是功能神，沿承自希腊神话，掺杂了各种仪式，以求得现世福祉为其目标），于是对天主教徒开始了长期的迫害活动。罗马民众看着一批批信徒被押解至斗兽场，在大庭广众之下被火烧死，被狮子咬死，被钉死在十字架上，但是这些信徒不但没有屈服求饶或咒骂哀号，反而高唱凯旋之歌拥抱这些苦刑。殉教者的鲜血终于震撼了帝国百姓，信徒的数量不减反增，连统治阶级也纷纷入教。

早期基督徒的聚会类似犹太教，有祈祷、诵经、唱圣诗、布道等，后来加上洗礼（由此清除原罪）与圣餐礼（以饼与酒代表耶稣的体和血）。各大城设有主教（原指牧羊人）与执事（原指仆人）。聚会改为星期日，因为那是耶稣复活的日子。

313年，罗马皇帝公开承认天主教的合法地位；380年进一步宣布天主教为国教。在不到四百年的时间，天主教徒从一个十几个犹太人的小团体，扩充为主导整个大帝国精神世界的信仰机构，并且在西罗马帝国灭亡之后，继续作为基督徒世界的领导力量，一路发展直至今日，整个基督宗教共有约二十亿信徒。

中世纪哲学在上述天主教的背景之下，其基本的立场、探讨的主题、研究的取向、思辨的方法，大致上都已经定型了。哲学即爱智，而智慧不离实际人生，我们如果额外要求这个时期的哲学家别出心裁而提出大异其趣的观点，恐怕有些强人所难，甚至是缘木求鱼的幻想了。

中世纪哲学的特色

中世纪哲学大致分为两个阶段：开始上场的是教父哲学，到了9世纪才出现体系完备的士林哲学。

中世纪哲学有两大基石：一是希腊哲学，以柏拉图学派（引申而成新柏拉图学派）与亚里士多德学派为主。二是基督宗教的信仰。表面看来，这是哲学（理性）与宗教（信仰）之间的冲突与协调，而事实上这是以理性来证明信仰的漫长过程。

如果坚持不谈宗教，那么最多只能提及在3世纪出现的普罗提诺（Plotinus，204—269）新柏拉图主义。在某种主义前面加个“新”字，就表示基本立场已经确定，所增加的只是换个合乎时代需求的说法而已。并且，一旦采取某种“主义”，也难免带有浓厚的信仰气息。与其如此，不如看看基督宗教的题材能在哲学界引发什么新的契机，进而可能出现何种新的见解。

中世纪哲学大致分为两个阶段：开始上场的是教父哲学（Patristic Philosophy），到9世纪才出现体系完备的士林哲学（Scholastic Philosophy）。

所谓“教父哲学”，是指天主教的神职人员（作为一般信徒在宗教上的教师与父亲）为信仰所做的辩护。他们立说的目的在于维护信仰的合理性，而不在于建构一套理性系统，用以说明实在界。他们抱着早期基督徒的殉教精神，随时愿意为真理而牺牲生命。哲学原指爱好智慧，但是智慧是什么？在他们看来，“敬畏上帝是智慧的开始”，而智慧的成效则是妥善拯救自己的灵魂，以完成人生的目的。他们使用理性，但是深知理性的限制，所以在遇到关键问题时，毫不犹豫地诉诸信仰的启示。如果我们未能对他们的立场有同情的理解，就会认为他们的观点只是在宣示教义，毫无思辨上的价值。但是，若能静下心来倾听他们的说法，也能获得有关人生终极问题的不少启示。

教父哲学大致分为两系：希腊教父与拉丁教父。这是依其著作使用的语言（希腊文或拉丁文）所作的简单区分。代表人物中以拉丁教父奥古斯丁最为知名。

从9世纪开始，出现士林哲学，又名“经院哲学”，这时的哲学家已能分辨哲学与神学之差异。他们关心的问题，当然仍受宗教影响，譬如：谈到形而上学，总要设法证明“上帝存在”；谈到人生归趋，总是肯定灵魂的解脱之道在于信仰基督宗教；

对于自然界的问题，则谨守教义规范，在探讨时不敢越雷池一步；然后，在研究方法上，则按“经院”所定的步骤（有如大学中的讨论规则），按部就班地提出稳妥的证明。

此时哲学家具备基督徒身份（大都还是神职人员），在立说时难免受到罗马教会依正统教义而提出的种种规定干扰。宗教教义自然显示保守性格，而哲学家勇于思考，难免动辄得咎。中世纪的宗教思潮并非一成不变，其间出现的异端邪说不在少数。于是，哲学家在立说时必须维护正统教义，并且批判所谓的异端，还要考虑自身的理论系统是否完备。这样的挑战可谓十分艰巨，因而能够成就一家之言的哲学家很少也就不足为奇了。

士林哲学的集大成者是托马斯。他的探讨兼顾了哲学的每一方面，也为所谓的“哲学系统”做出具体的示范。首先要确定人的认知能力，这时要研究逻辑与知识论；其次要推究真实的存在，看看宇宙与人的本性是什么，再归结为对“上帝”存在的证明；最后是将上述研究所得，应用于实际生活中，提出有关伦理学、政治哲学、美学等方面的观点。他所建构的系统从天主教的立场看来，符合“永恒哲学”的要求，可谓十分完备。

然而，越是完备的思想系统，越可能变成僵化的教条，逐渐失去创新的活力。希腊哲学的后期发展是如此，中世纪哲学也同样如此。

依上述所说，把中世纪称为“黑暗时代”，其实太过草率，忽略了时代与社会的特定条件。如果因而把中世纪哲学也看成无足轻重而一笔带过，则将错过西方哲学的重要阶段，也将难以明白西方心灵的特殊经历与独有价值。

近代哲学

近代哲学远绍柏拉图与亚里士多德，与之呼应的分别是理性主义与经验主义。

近代哲学从1450年到1850年。这种年代划分当然是勉强为之，因为思潮的演变是渐进的。我们可以看到的明确事实是：15世纪的文艺复兴，以回归希腊人文主义为号召，因而跨越了中世纪哲学环绕信仰议题的思考模式；接着，16世纪的宗教改革，由天主教再度分裂出新教（中文译名为基督教），重点从制度面转向心灵层次；17世纪科学革命盛大登场，连宇宙观都刷新了面貌；18世纪启蒙运动进而彰显了理性的一切潜能。随着这一系列变化而来的近代哲学，其波澜壮阔的情景实在让人期待。

近代哲学远绍柏拉图与亚里士多德，与之呼应的分别是理性主义与经验主义。两派各有所见也各有所蔽，到了康德提出新的思维，转移了也超越了传统的许多观点。后面发展出德国观念论，管领一代风骚，到了黑格尔达于顶峰，建构一套庞大体系，是为绝对观念论（或绝对唯心论）。统合之后是再度的分裂，唯心与唯物各有支持者，等到这些没有结果的争论无以为继时，近代哲学也接近尾声了。

文艺复兴与人文主义

意大利由于在14世纪率先出现人文主义而成为文艺复兴的摇篮，在各个精神领域人才辈出，再开枝散叶传至欧洲各国。

对爱好智能的人来说，使用理性去探讨真理，无异于天赋人权。中世纪一千多年，天主教扮演精神世界的指导者角色，在基督徒看来，理性与信仰并不冲突，信仰甚至弥补了理性之不足，使人更容易找到绝对真理。但是，天主教形成一个庞大而有权势的组织，上层领袖在世俗利益的熏染之下，也流露出人性的各种弱点，后来还腐败到相当不堪的程度。天主教的权力与财富在13世纪达到极盛，教宗积极干预欧洲各国的政治，使宗教俗化现象日趋严重。在14世纪末期还曾同时出现三位教宗的混乱情况（1378—1417），各自有其支持的国家，相互争斗不休。天主教内部虽有积极改革的声浪，如一些修会的成立，但难以挽回颓势。

在此之前的14世纪中叶（1346—1360），欧洲出现几次大瘟疫，欧洲人口死亡超过三分之一。幸存者发现许多宗教领袖（如主教、神父、修女）并未幸免于难，这才觉悟光靠信仰不足以应付人间事务。于是他们开始大力支持学术研究，要以理性探寻人生问题的新答案。

文艺复兴的时机渐趋成熟。所谓"文艺复兴"（Renaissance）一词，是由两个法文字所合成："renaitre"（重生）与"naissance"（诞生）。意大利由于在14世纪率先出现人文主义而成为文艺复兴的摇篮，在各个精神领域人才辈出，再开枝散叶传至欧洲各国。

当时意大利的情况较为特别，王侯、公爵与教会赞助者，愿意重金搜购与复制古代典籍的抄本，并且建立不少图书馆。学习与阅读希腊罗马作品的风气流传开来。于是，一方面有但丁（Dante，1265—1321）所著的《神曲》（*Divina Commedia*），依然反映中世纪的宇宙观与天主教的信仰观，但稍后立即出现了人文主义学者彼特拉克（Petrarch，1304—1374），他排斥亚里士多德冷静枯燥的哲学作品，转向具有文学审美意味的古典作品，因为后者更能反映人性的真相，彰显人在情感与想象世界中所遭遇的冲突与幻想。人的伟大并不局限于对上帝的信仰，也表现在以活泼的生命去陶冶优美而高雅的情操。文学的审美素质受到推崇，教育的目标转向充分发展人的个性上。

人文主义者在当时依然大多数是基督徒，但是他们的眼界显然较为开阔。譬如，彼特拉克谈到罗马的西塞罗（Cicero，前106—前43）时，他说：“当西塞罗谈到神是宇宙万物唯一的统治者与创造者时，他并不是以纯粹哲学的方式，而是几乎以天主教的方式赞扬神。因此，有的时候你会认为，你不是在听一个异端哲学家而是在听一个使徒谈话。”别忘了，西塞罗比耶稣早了将近一世纪。像这样的阅读方式，也很容易从柏拉图《对话录》中读出神的启示了。还好，这样做的结果并非扭曲古典文学作品，而是开拓了当时基督徒的视野，使人文主义的理想更容易被普遍传扬。

除了西塞罗的文采，伴随其理性思维与睿智见解受到肯定之外，柏拉图的《对话录》也得到好评与广泛讨论。15世纪后半叶在佛罗伦萨（Florence）建立了一所柏拉图学院，由斐奇诺（M. Ficinus，1433—1499）所领导。这位柏拉图主义者也是虔诚的基督徒，他肯定人是“上帝的代理人”，还赞扬人的灵魂“凭借理智与意志，亦即凭借柏拉图所谓的一双翅膀，能够在某种程度上，变成一切事物，甚至变成一个神”。

米兰多拉（Mirandola，1463—1494）是斐奇诺的学生，他在二十四岁时，计划综合各种传统的九百个命题，邀请全欧洲著名的学者到罗马来做公开辩论，后因教会反对而作罢。他为此编写了《论人的尊严》一书，认为人拥有可贵的自由，可以改变自己，“可以按照你所喜欢的任何一种形式来改造自己，你将能下降到低级形式的野兽中间，也将能由于你自己的判断而再生于高级的神性存在者中间”。

古希腊对生而为人的荣耀感，以及对人类理性的信任感，看来暂时摆脱了《圣经》中原罪的牵绊，在西方人的心中重新涌现。文艺复兴多彩多姿的成就，为近代世界开启了一个新天地。

宗教改革

由于教会俗化现象严重，加上近代民族国家的意识兴起，人文主义导向个人主义，以致要求更真纯的信仰，宗教改革实为大势所趋。

天主教在大分裂时期（1378—1417），同时出现三位教宗争正统的局面，自此以后势力大衰，改革之声四起。在此之前，已有马西略（Marsiglio）1324年批判教会滥权，主张以神父代议原则取代主教专制。接着，哲学家奥卡姆（W. Ockham，1290—1349）主张神职人员应该为传福音而度赤贫生活，同时批评教宗的庸俗与贪财。然后，英国的威克里夫（J. Wycliffe，1330—1384）呼吁神职人员自新，主张建立民族教会，反对罗马教廷收税，认为基督徒受上帝感召，应该成为自己生命中的改革者。结果，威克里夫遭到开除教籍的命运，更悲惨的是捷克布拉格大学校长胡斯（J. Hus，1369—1415），他主张宗教改革，为此受火刑而死。

哲学家之中，布鲁诺（Giordano Bruno，1548—1600）受到新柏拉图主义的启发与库萨的尼古拉（Nicholas of Cusa，1401—1464）的影响，强调神的内存性，走向泛神论。他主张：宇宙是“全部无限者”，神是“完全无限者”。但是两者的差异不够明显，他后来还把有限事物当成无限实体的附质，使用“能产自然”（就神本身而言，与万物无异）与“所产自然”（就万物皆为神的显现而言）二词。他于1600年在罗马受火刑而死。

谈到火刑，要推溯于“宗教裁判所”（Inquisition）。教宗格里高利九世（Gregory Ⅸ，1227~1241）于1233年设立宗教裁判所，以对付异端邪说，以致“互相告密成为高尚的宗教行为”，“证明无罪的责任全在被告身上”。死于宗教裁判所的受冤人士难以计数。想当初基督徒是如何期待罗马帝国宽容他们的信仰自由，后代的基督徒居然成为迫害异议人士的凶手，这真是情何以堪。宗教发展至此，全无“爱神爱人”的崇高表现，反而处处是人性弱点的卑劣行为。由此而说中世纪是黑暗时代，没有人会反对。

近代宗教改革的具体导火线是赎罪券。教宗英诺森三世（Innocent Ⅲ，1198—1217在位）派遣十字军攻打非正宗信徒时，预先赦免士兵的罪愆，后来演变为“以钱免去一个人的罪罚”，再扩及延伸到免除他死后的惩罚。“当投入钱箱里的银币发出响声的时候，炼狱中的灵魂便升入天堂”。这种荒谬的陋规一直存在着，到了教宗利奥十世（Leo Ⅹ，1475—1523），为了筹建圣彼得大教堂而正式贩卖赎罪券，终于引起马丁·路德的正式抗议并引发改革风潮。

由于教会俗化现象严重，加上近代民族国家的意识兴起，人文主义导向个人主义，以致要求更真纯的信仰，宗教改革实为大势所趋。马丁·路德原是天主教神父，担任神学教授。他于1517年10月公布《九十五条论纲》，批判教会的俗化表现，主张以《圣经》为信仰的准则，而信徒个人具有“牧师”身份，不需要教士作为中介。他所否定的包括：教会的仪式、组织、权威、神哲学，以及炼狱之说、教宗无误论、神父独身制、崇拜圣母（耶稣之母玛利亚）的规定等。他进而主张：身为基督徒，所要依赖的只有信仰、恩宠、《圣经》，其他全属多余。

马丁·路德以其卓越的学识，将《圣经》（当时通行的是拉丁文版本）翻译为德文，为日耳曼民族的文学与教育做出重大贡献，他个人也获得德国王室与骑士们的支持而建立了新教。紧接着瑞士的茨运理（U. Zwingli，1484—1531），法国的加尔文（John Calvin，1509—1564），然后英国国王亨利八世（Henry Ⅷ，1491—1547），也都参与了宗教改革而成立各自的新教。新教的原名是“抗议教”（The Protestant），亦即要针对传统一教独大的天主教而抗议。在中文译名，则直接称为“基督教”。文字的使用以约定俗成为主，我们在使用像“天主教”“基督教（或新教）”这些词语时，必须明白其原始用意，以免滋生误解。

宗教改革并不纯粹是基督宗教内部的事。信仰的多元化，带来了自由思想的气氛，肯定了学术研究拥有更大的独立性，其中的科学探讨也逐渐突破传统宇宙观的窠臼，演变成声势浩大的科学革命。

科学革命

才脱离天主教不久的新教徒对科学家却没有这么宽容。《圣经》是新教的绝对权威，人的理性怎能妄加质疑？

科学革命是文艺复兴运动的最终表现，对近代人的宇宙观也做出明确的贡献。集多样才华于一身的达·芬奇（Da Vinci，1452—1519）是著名的艺术家，对科学的观察与实验也表现高度的兴趣。比他稍晚的哥白尼（Copernicus，1473—1543）则是提出科学宇宙观的代表人物。

要摆脱亚里士多德的宇宙观与传统的托勒密天文学，就可能受到来自教会与《圣经》的压力。一般所谓“哥白尼的革命”，是说人类所了解的宇宙从“地心说”（太阳环绕地球，地球为宇宙中心），改变为“日心说”（地球环绕太阳，为太阳的行星之一）。哥白尼在天主教是受尊敬的人物，他在发现这个科学事实之后三十年，才有勇气在他去世之前出版《天体运行论》一书。

相对于此，才脱离天主教不久的新教徒对科学家却没有这么宽容。《圣经》是新教的绝对权威，人的理性怎能妄加质疑？马丁·路德说哥白尼是“傲慢的占星家”，他认为哥白尼愚蠢地想推翻整个天文学，同时明显地违反《圣经》。加尔文还说：“谁敢把哥白尼的权威置于《圣经》的权威之上？”基督徒担心的是：如果地球真的是在运动之中，那么它就不再是上帝的创造及拯救计划的固定中心；人也不能成为宇宙的重要焦点，然后基督降世为人的意义也大为降低，因为人类在地球上的历史很难继续作为宇宙的中心事件。

科学的进展并未因而停滞。开普勒（Kepler，1571—1630）论断行星皆以太阳为中心，依椭圆形轨道而运行。伽利略（Galileo，1564—1642）经过望远镜的观察，推翻了传统所谓“天体皆为完美的、不动的、不朽的”观点，他宣称要以数学公式来表述这种新宇宙观：“哲学是写在宇宙的书本上，但是要读懂它，唯有经由数学语言。”近代由此建构了机械论的（mechanistic）宇宙观：“万物有如机械式的存在，其活动皆可用数学与力学方式来解释。”

到了牛顿于1687年发表《自然哲学的数学原理》，才算为古典物理学奠定了稳固的基础。他阐述了几条似乎支配整个宇宙的定律，如三条运动定律（惯性定律、运动定律与反作用定律）

与万有引力定律。到了18世纪初，西方受过教育的人已经了解：上帝把宇宙造成一个复杂的机械系统，这个系统是由物质粒子组成的；粒子按照几条可以从数学上分析的基本原理，在一个中立的无限空间中运动。宇宙的中心既不是地球，也不是太阳。这样的宇宙观使人眼界大开。

当时的科学家大都仍然信仰基督宗教，他们现在认为：上帝创造世界时，将这一切合乎数学与力学的因素都做了妥善安排。不过，从此大家注意的不再是宇宙的“目的因”，而是其“动力因”，亦即对宇宙本身产生探究的兴趣。那么，科学革命对哲学产生了什么影响呢？

科学方法有两个侧面：一是观察与归纳，要依知觉、经验与直接内省，来判断事实与知识正确与否；二是演绎与数学，要界定基本公设，由此推广普遍法则，建构精确而有效的知识。这两大方法分别启迪了经验主义与理性主义，形成近代哲学的两大系统。事实上，近代初期的哲学家大都也是优秀的科学家或数学家。

有别于中世纪的哲学家，近代哲学家不再觉得自己有义务为《圣经》或教义中的上帝辩护，他们谈到上帝时，观念已经明显倾向自然神论（Deism），就是肯定：上帝在创造了这个复杂而有秩序的宇宙之后，就不再继续监管或干预，而是让宇宙按照完美与固定的规律去活动。这样的上帝更像是一位神圣的建筑师、一位杰出的数学家或钟表匠。然后，人的情况呢？人通过自己的智力，已经洞察了宇宙的基本秩序，现在可以为自己的利益而运用这种知识了。人类承担更大的责任，要自行在世界上找到安身立命的途径。近代哲学揭开了序幕。

现代哲学

西方哲学从 1850 年以后，称为现代哲学。

西方哲学从1850年以后，称为现代哲学。距今虽然只有100多年，但是哲学界已经出现百家争鸣的壮观场面。这固然是现代社会多元主义的特色，也显示了哲学与人生各方面的紧密关系。更主要的原因是：我们与这些哲学家在时间上的距离太接近了，以致目前还很难判断谁将在哲学史上留下重要的影响，因此在篇幅上这一百多年并未少于前面三个不同的阶段（古代、中世纪与近代）。

换言之，在选择现代哲学家时，标准比起前面的阶段较为宽松。只要在“澄清概念、设定判准、建构系统”这三方面可以表现独到见解的，或者针对某些时代问题提出个人观点而引起广泛讨论的，都有可能加以介绍。这其中难免也有作者主观的考虑，譬如，“存在主义”的几位代表全部入列，这是因为他们分由不同侧面探讨现代人切身的问题，对人生的启发既生动又深刻，并且直至今日依然有效。

从近代到现代，这两者之间的连续性与相关性几乎是不可切割的。不过，既然划分为两个阶段，我们还是试图就以下三点稍作说明：一、浪漫主义思潮；二、生物学及心理学的革命；三、寻求意义的现代人。在我们探讨现代哲学的同时，“后现代主义”已经悄然来临，西方哲学将走向何方，确实让人感到迷惑。

浪漫主义思潮

19世纪的浪漫主义就是针对启蒙运动而起的反动思潮。思潮发源于德国，时间约在康德之后的19世纪初期，一时之间风起云涌，大放异彩。

近代哲学的发展以18世纪的启蒙运动为其高潮，肯定理性与科学，鼓舞了乐观与进步的信念。但是，理性可以涵盖人生的全部吗？科学可以穷究宇宙的奥秘吗？

19世纪的浪漫主义（Romanticism）就是针对启蒙运动而起的反动思潮。思潮发源于德国，时间约在康德之后的19世纪初期，代表人物除了唯心论哲学家之外，还有文学家与艺术家。一时之间风起云涌，大放异彩。

浪漫主义的特色有以下三点。

（1）以丰富的生命整体取代单调的理性分析与概念架构。

所谓实在界，包括一切在内，由自然与精神形成不可分割的有机体。原先的机械论宇宙观与自然神论（甚至无神论）的宗教观，现在必须重新检讨了。历史的进展不等于进步，所以要回溯传统的民族精神与语言特色。

（2）要重视人的整体生命。人有理性与意志，但也有感受力与想象力。诗与艺术更能表达人的生命特质。以席勒为例，他受到康德审美思想的启发，提倡人应该“与美游戏”，使理性与感性调和会通，由此产生有生命的形式。亦即由静态到动态，使生命在变迁中也可以得到理解。他进而主张：“唯有透过审美，人才是完整的人。只有当人游戏时，他才完全是人；只有当人完全是人时，他才游戏。”

（3）个人的独特性脱颖而出。浪漫主义者最先注意到出类拔萃的“天才”人物，然后推扩到肯定个人在宇宙中的特殊地位。由个人再推及内心世界，要深究内心的种种奥秘。探讨情绪与动机、爱与欲、恐惧与担心、冲突与矛盾、记忆与梦幻；体验极端的与无法言传的意识状态，以获得内在觉悟的狂喜。甚至还要测知人的灵魂的深度，意识到无意识，了解无限的存在。

歌德是浪漫主义思潮的代表人物。在他看来，自然的力量渗透了每一个事物，包括人的心灵与想象力。因此，自然界的真理并不是某种独立而客观的东西，而是在人的认识中得以显示的。人的精神并不像康德所说的那样，仅仅把他自己的秩序强加于自然界。相反地，自然的精神是通过人而产生它自己的秩序，人只是自然界自我显示的器官。因为自然界并非不同于精神，而是它本身就是精神。自然界不仅与人是不可分离的，与上帝也是不可分离的。歌德在上述分析中，统一了诗人与科学家，这种分析也反映了他视为敏感的宗教问题。

如果科学代表求真精神，谁能够反对科学？但是科学上的论断如果是机械论的与唯物论的，由此认定整个实在界（包含人的生命在内）皆是如此，那就不符合事实了。浪漫主义者指出，即使科学家所构想的实在界，也是出于他的心灵，归根结底也是象征性的，并且这种象征只属于一个特殊类别：机械的、物质的、非位格的。依浪漫主义者所见，当时习以为常的科学实在观，基本上是一种穿上了新装的嫉妒的“一神论”，要求在它面前没有别的神。换言之，近代科学心灵陷于某种形式的偶像崇拜，但无法看清它所崇拜的实在界其实是一个更深刻、更广含的奥秘。

尼采顺着此一思潮，把焦点放在人的身上。他认为，最高的真理是通过意志的自我创造力量，从人类中间产生的。人类寻求知识与力量的统一，将在一种“新人”身上得到完成。这种新人能够体现宇宙的真正意义，他必须把自己的生活变成艺术作品，在此一作品中塑造自己的性格，接受自己的命运，把自己重新创造成世界史诗中的主角。如此，长期被安置于天堂的上帝才能降生在人的灵魂中，人也才能在永恒的流动中，如神明般地舞蹈，做一个宇宙的舞者。

经过浪漫主义的洗礼，哲学家的角色有如诗人，可以往各个领域发挥创意。现代哲学显示百家争鸣的盛况，也与这样的背景有关。不过，科学家仍在默默研究一切，等到浪漫主义的思潮逐渐消散，他们会继续提出许多不同的看法。

生物学及心理学的革命

所谓的心理学革命，就是弗洛伊德自己所倡言的深度心理学。

心理学家弗洛伊德综观近代思潮的发展，提出三重革命之说，就是：天文学、生物学及心理学这三个领域先后出现了决定性的转向，彻底改变了人类对实在界（尤其对人类自己）所知的一切。

天文学革命的代表是哥白尼所主张的“日心说”，这一点我们在前文已做过介绍。人类向来认为地球是宇宙的中心，是上帝施行神旨的特选之地，现在却惊觉有一个难以想象的大宇宙，地球只是其中一个小行星。

生物学革命的代表是达尔文（C. Darwin，1809—1882），他在1859年发表《物种起源》，倡导进化论，认为生物世界以

“自然选择”（旧译为“物竞天择，适者生存”）与“机体突变”的方式在演化；次序是由无机物到有机物，由低等生物到高等生物，连人类也在这种演化过程里面。身为科学家，他公开承认还没有办法找到其他生物与人类之间“失落的环节”，因此进化论只是一项有待证实的“假设”。即使是个假设，已经足以惊天动地，颠覆人类长期以来的观念了。

假设人类真的是某种像猩猩一样的动物所演化成的，而这种动物又可以向前追溯更原始的祖先，那么谁还能公开宣讲“上帝造人”，把人当成“上帝的肖像”？一旦取消“上帝”这个神圣的源头，那么人的生命还有什么目的可言？达尔文的演化论所打击的不仅是宗教信仰，甚至连人的自我形象也变得模糊不清了。

当然，即使进化是个客观的事实，宗教家依然可以用“上帝安排了演化过程”的观点进行说解。然而，达尔文主义是要从根本上否定上帝在进化过程中扮演任何角色的可能性。于是，进化论与传统的上帝创造论形成无法兼容的两个极端，而进化论一直处于优势状态。直至今日，我们看到社会上弱肉强食的不义现象到处泛滥，就干脆以“社会学的达尔文主义”一词加以描述，而其含义也很少引起误解。

如果人类是经由进化而来的，那么宗教上所谓的灵魂观念难免成了虚构，死后救赎的生命目标也纯粹属于幻想。如此一来，人要如何安顿自己？人类在20世纪的所作所为，包括两次世界大战与无数的残酷暴行，似乎验证了这种观点。然而，进化论终究还是个假设。专家的批评值得我们深思。语言学家乔姆斯基（N. Chomsky）指出，首先，人类大脑中用以支持语言能力的部分，在动物中完全找不到，它是突然出现的，而且一出现就有着与现在相同的样式。换言之，有关人类语言的起源问题，是进化论者无法合理解释的。其次，“有”可能来自“无”吗？溪水可能高于它的源头吗？旧的组织有可能因“突变”而出现新的成分，但是要展现像人类理智这样的能力，则尚无法想象。这种思考模式鼓舞着爱智者继续探索有关人的真理。

最后，所谓的心理学革命，就是弗洛伊德所倡导的深度心理学。借由《梦的解析》，可知潜意识的存在，但是潜意识或无意识是怎么来的？它有何内容？它如何控制或影响人的意识？这些问题仍有商榷的余地。弗洛伊德擅长使用化约法，把复杂的潜意识领域化约为一个“性需求”，再辅以生存及死亡需求，以为这样就可以说明人类的一切行为。他进而主张，只要推广教育与科学，配合心理分析的治疗方法，就可以使人类获得安顿。

这当然也是一个大胆的假设，但是西方世界许多人深信不疑，以为心理分析师可以取代宗教家。人类的地位在前面二拨革命中一再崩落，从上帝肖像沦为生物末流，现在还须面对潜意识混乱不堪、难以启齿的困窘处境。这样的人生还有什么意义可言？

物极必反，现代哲学受到现象学的启发，重视所有能够呈现于意识中的经验，对其作描述式的分析，结果反而像发现新大陆一般，足以让人提振精神，在漫天风雪中坚持爱智的信念，总要设法展示究竟真实的样貌。

寻求意义的现代人

现代哲学家都在重新寻求“意义”。“意义”是针对人的理性而言。可理解的才有意义可言。

人类面对的实在界大致分为三个领域：自然界、人类以及超越界。这种三分法需要稍作说明。首先，“自然界”一词仍以希腊人的界说最为扼要，就是“有形可见、充满变化的一切”。以此而论，人类也属于自然界。不过，人类与自然界中的万物又有明显的差异，那就是人有思考能力，随之可以判断及选择自己的言行，并且为自己的作为负责。简言之，当自然界依循客观规律而运作时，可以称为“实然”（to be），人类另外还有“应然”（ought to be）的部分，由此建构人类特殊的价值。

“应然”就是指应该何去何从，才可使人类短暂的一生有其意义。如果局限于自然界中，这个应然问题找不到合理的解答。因此又有“超越界”观念的出现。“超越界”纯粹出于人的想象吗？人的想象可能千差万别，但是这并不代表没有一个超越界存在，而它其实是凌驾于人的想象力与理解力之上的。果真如此，则超越界才是究竟的实在界，而所谓的爱智之士（哲学家）就是以展现与描述超越界为其志业。

以此观之，古代希腊哲学家所建构的理论是较为“完整”的，像柏拉图的“善理型”与亚里士多德的“上帝”，都是对超越界所作素朴的描述。到了中世纪以基督宗教为主轴的哲学思潮，就直接把超越界等同于《圣经》中的上帝，并且显示以神为本的倾向。哲学的功能几乎成了为神学服务的仆役，所以哲学家不厌其烦地设法证明上帝的存在。到了近代，从文艺复兴开始，经过宗教改革、科学革命、启蒙运动，直到浪漫主义，哲学家的焦点置于人类身上，要在机械论与自然神论的宇宙中找到安顿之道。结果则是大幅扩展了人类精神的能力，好像人类自此可以掌握自己的命运，而天国也可以在人间实现。

经由前文介绍的三项革命，人类才由自我的迷梦中清醒过来，发现自己处于一个前所未见的荒凉困境中。借用《易经》的话来说，就是乾卦九四的状况：“上不在天，下不在田，中不在人。”往上与天（超越界）断绝了关系，在下与田（自然界）只有生存竞争，中间与人（社会）则是疏离隔阂。此时，九四的爻辞说：“或跃在渊，无咎。”意思是，或往上跃升，或留在深渊，只要知道是自己在做选择，就不会陷于灾难。

现代哲学在思考人类的未来走向时，处于无所依靠又可以依靠一切的特殊处境。所谓无所依靠，是说没有主流思想，既不必附和某种宗教信仰或意识形态，也不必考虑迎合某个族群或特定阶级。所谓可以依靠一切，是说只要忠于自我的体验，那么不管提出任何奇谈怪论，都不必担心别人的侧目或非议。这种情况又可称为“后现代社会”。我们面对的，是一个超出我们自由想象能力，并且完全无法形容的东西。自然界是如此，人类自身是如此，超越界则更是如此，从有序到无序，一切复归于近似混沌的状态，爱智者面对了空前的挑战。

因此，现代哲学从1850年以来，短短一百多年之中，哲学家的人数相对而言是远远多于前面几个阶段的。当然，这些哲学家能否经得起时间的检验，还不是我们所能论断的。大体说来，现代哲学家都在重新寻求“意义”。“意义”是针对人的理性而言的。可理解的才有意义可言。

【附录二】

中国五大经典介绍

《论语》

孔子与《论语》

综观孔子生平，并无惊天动地的大事业，但是却以身教与言教塑造了人的典型与典型的人。

孔子，名丘，字仲尼，生于周灵王二十一年，亦即鲁襄公二十二年，时为公元前551年。当时为东周春秋时代后期，诸侯各自为政，礼坏乐崩日趋严重。孔子祖先为宋国人（殷朝后代），后迁于鲁国定居；他生于鲁国陬邑（今山东曲阜市附近的尼山）。孔子三岁时，父亲叔梁纥去世，他由母亲澂在抚养成长，接受一般乡村孩子的教育（文化常识和基本战技），至十五岁告一段落，再自己立志学习，终于以博学知礼而闻名。

孔子十七岁时，母亲过世。二十岁娶丌官氏（宋国人）为妻，翌年生子孔鲤（字伯鱼）。他做过的职业包括委吏（管理仓库）、乘田（管理牧场）与助丧（承办丧事）等。三十岁前后就有学生求教并追随他，形成一个独特的师生团体，以讲学修德与治国利民为目标。孔子学不厌而教不倦，学问与见识渐成系统，四十岁已可“不惑”。五十岁达到“知天命”，明白自己的神圣使命何在。

鲁定公九年（前501年），孔子五十一岁，开始正式从政，为鲁国中都宰（县长）；五十二岁，升任小司空（工程部门副长官），不久又升任司寇（司法部门长官），位列大夫，政绩卓越；五十三岁，更以司寇之职行摄相事，协助季氏处理国政；五十四岁，主张“堕三都”，想拆除郈、费、郕三邑的城堡，以维护鲁国的统一和安定，可惜最后失败。

孔子五十五岁时，齐国送给鲁国能歌善舞的女子，使执政的季桓子与鲁定公流连忘返；不久，鲁国举行郊祭，又未依规定送祭肉给孔子。孔子乃决定去职离乡，周游列国，遍历卫、曹、宋、郑、陈、蔡各国。他的信心坚定、理想远大，犹如推行教化的“天之木铎”，在别人眼中则是“知其不可为而为之”，这正是“六十而顺（顺天命）”的阶段，以致两次（在匡、在宋）面临生命危险，都将自己的命运直接诉之于“天”。

鲁哀公十一年（前484年），孔子六十八岁时，鲁国由季康子执政，正式召请孔子回国，孔子乃结束长达十四年颠沛流离的周游教化。孔子七十岁时，儿子孔鲤去世；七十一岁时，学生颜回去世；同一年（前481年）鲁君西狩获麟，孔子《春秋》绝笔；七十二岁时，学生子路去世。公元前479年，时为周敬王四十一年，鲁哀公十六年，孔子辞世，享年七十三岁。许多弟子为他守丧三年，子贡更再守墓三年。后来，在孔墓附近筑室为家的多达百余户，形成群落，名为孔里。

综观孔子生平，并无惊天动地的大事业，但是却以身教与言教塑造了人的典型与典型的人，所谓“言而世为天下则，行而世为天下法”，所谓“匹夫而为百世师”，“微斯人，吾谁与归！”

《论语》源流

南宋朱熹撰《论语集注》，综合宋代学者的见解，并以本身哲理贯穿其中，为元明以来科举取士之版本，几乎为人人必读之书。

《论语》是环绕孔子及其学生的言行记录。当时的学生各有所记，再经整理编辑而成。秦始皇焚书之后，原始版本已不可考，流传于世的有鲁人的《鲁论》、齐人的《齐论》，以及得自孔子古宅夹墙中的《古论》。三论内容互有出入，汉代张禹综合前二者编定的版本得以通行，后有郑玄包含各家之注的版本最受重视。

魏朝何晏博采众说，撰《论语集解》，再经梁朝皇侃为之《义疏》以及宋朝邢昺为之《疏》。现在足以代表汉魏时期研究心得的就是此一注疏版。南宋朱熹撰《论语集注》，综合宋代学者的见解，并以本身哲理贯穿其中，为元明以来科举取士之版本，几乎为人人必读之书。及至清代，学风偏重考据，学者研究成果可以由刘宝楠所撰《论语正义》为代表。

民国以来，程树德所撰《论语集释》参考历代四百多家注解，写成二百万言，堪称最为完备。可惜一般读者对此不免望洋兴叹。稍后，既有学术依据又有白话解说的，则是杨伯峻的《论语译注》与钱穆的《论语新解》值得参考。

人能弘道——论语

孔子思想对人类的最大贡献，即在指出人性与天命之间的这种关系。领悟了这个重点，则所有正派宗教皆与儒家可以殊途同归，甚至相视而笑，莫逆于心。

我在年轻时，听别人提问："如果一生只念一本书，应该选择什么书？"在我来不及细想及回答时，别人就主动宣布了答案："当然是《论语》了！"

后来看到钱穆先生九十二岁时的感言，说他每年至少重读一遍《论语》，并且总是会有一些新的启发。如此看来，《论语》对年轻人与老年人，对平凡人与大学者，都是必读与必须不断重读的一本经典了。

如果读书可以配合季节的话，那么《论语》是春天的首选，因为其中充满了成长的希望与动力。孔子原是平凡的孩子，经由立志学习而开发潜能，在知情意方面都抵达了高妙的境界，体现了君子、贤者、圣者的气象。他的典范主要就展示于《论语》中。

我最初学习《论语》，是在正规的初中教育过程中，其目的是考试与升学。直到上了大学，必须研究儒家思想，我才主动而认真地把这部经典全部读一遍。当时感动我的，并不是哲学上的系统见解，而是一些生活小事。譬如，孔子听到家里马厩失火，他只问："有人受伤吗？"而没有关心马的损伤。他听说朋友过世而无人料理丧事，就挺身而出负责一切。他接受朋友所致赠的祭肉，是作揖拜谢，但是朋友送他车马，他却不会如此感激或慎重致意。他的价值观显然是高雅的人文主义，重视人的精神价值远远超过了物质价格。

我潜心探索《论语》二十余年，苦于历代各家批注并无共识，于是采取西方哲学训练的方法，依诠释学原则，对每一句话进行深入思考：它究竟在说什么？它想要说什么？它能够说什么？它应该说什么？接着再设法整理出一贯的系统，譬如，孔子的"仁"是他的核心概念。一个"仁"字，就涵盖了人生的三大问题：一、仁是"人之性"，人只要真诚，就会体验内心有向善的自我要求；二、仁是"人之道"，人生的正路在于择善而固执之；三、仁是"人之成"，亦即止于至善，必要时可以"杀身成仁"。

把握了主要线索，孔子一生的言行就显得豁然开朗了。他在生平自述中提及"五十而知天命"一语，这代表一生的转折点。

如果孔子不在五十岁出来从政，并且不在五十五岁周游列国，那么他的思想与人格又如何经由检验而展现无比的光彩？他的见解又如何可以证明是人类普遍的智慧？

那么，“天”又是什么？研究《论语》的人很多，能够清楚回答这个问题的人很少。孔子既要“知天命”，又要“畏天命”及“顺天命”，可见“天”是个主宰，赋予人类使命感，就是要人把向善之性修炼到至善的地步。人若真诚，就会自觉必须行善，而“善”是我与别人之间适当关系的实现。在此，“别人”是指天下由亲而疏、由近及远的每一个人。唯其如此主张，孔子才会界定其志为：“老者安之，朋友信之，少者怀之。”

这十二字的志向在现实世界未曾实现，将来也不太可能实现。但是若无此志，则人生又岂有方向可言？人类又岂有光明的未来？孔子思想对人类的最大贡献，即在指出人性与天命之间的这种关系。领悟了这个重点，则所有正派宗教皆可以与儒家殊途同归，甚至相视而笑，莫逆于心。

“以孔子为师，与孔子为友。”这是每个人都可以做到的，是一生中最美好的事之一。

《孟子》

孟子其人其书

合纵连横的谋略大为盛行，而孟子依然以自信的口吻说："仁者无敌。"由于没有一位国君可以做到仁者，所以孟子的理论也无法获得验证。

关于孟子的生平，我们所知道的不多，主要的数据来自《孟子》一书。司马迁在《史记》中写到《孟子荀卿列传》时，所根据的大概也只是这本三万多字的书。

司马迁先"感叹"一番，然后写了一百多字的介绍。他说："孟轲，驺人也，受业子思之门人。道既通，游事齐宣王。宣王不能用，适梁。梁惠王不果所言，则见以为迂远而阔于事情。当是之时，秦用商君，富国强兵；楚、魏用吴起，战胜弱敌；齐威王、宣王用孙子、田忌之徒，而诸侯东面朝齐。天下方务于合从连横，以攻伐为贤，而孟轲乃述唐虞三代之德，是以所如者不合。退而与万章之徒，序诗书，述仲尼之意，作孟子七篇。”

这段介绍肯定了孟子是一位儒家学者。子思是孔子的孙子，而孟子受业子思之门人，因此从孔子到孟子是第五代。孟子先是“道既通”，所通的自然是“唐虞三代之德”以及“仲尼之意”；接着，他效法孔子“知其不可而为之”的精神，认定自己肩负“木铎”的使命，周游列国，希望有机会“得君行道”。《孟子》一书所记载的，主要是他的言论与事迹。从战国时代的大趋势看来，孟子的观点显然不切实际；从孟子的具体遭遇看来，连他自己也承认并未成功。但是他树立了一个典型，使后代读书人在敬佩与效法之余，不免心生感叹。

司马迁是历史学家，他的感叹如下：“余读孟子书，至梁惠王问何以利吾国，未尝不废书而叹也，曰：嗟乎！利诚乱之始也。夫子罕言利者，常防其原也，故曰，放于利而行，多怨。自天子至于庶人，好利之弊何以异哉？”他在本文所谓的“夫子”，是指孔子，如此一来，孟子确实秉持了孔子的原则，由于看清了利之为害，就大力宣扬仁义。如果读到“梁惠王”这一问就要“废书而叹”，那么大概很难念完《孟子》全书了。

《孟子》一书共有七篇，每篇再分上下，所以在编排序号上，就有十四个部分了。篇名分别是：“梁惠王”“公孙丑”“滕文公”“离娄”“万章”“告子”“尽心”。前六篇皆以人名为篇名，取自各该篇开头的人物，只有“尽心”篇例外。那么，这本书是如何写成的呢？

首先，如果是孟子亲自执笔，那么他的学生，如公都子、屋庐子、乐正子、徐子，为什么会称“子”呢？“子”是对男子的尊称，用于前辈、老师身上，或客套之时，孟子没有理由对这些学生一再称“子”。其次，古代诸侯的谥号是死后才定的，那么，像梁襄王、齐宣王都是比孟子晚死的，孟子怎么可能知道他们的谥号呢？这两个问题并不难回答，就是：孟子完成了《孟子》一书的主要内容，在他过世之后，学生万章、公孙丑等人再加以修订出版，所以会有上述两点情况的出现。

关于孟子的生平年代，至今并无定论，一般认为是在公元前372年至前289年，亦即战国时代（前475年至前221年）的中期。当时存在的还有二十国左右，其中七国争雄，都想兼并天下。合纵连横的谋略大为盛行，而孟子依然以自信的口吻说：“仁者无敌。”

由于没有一位国君可以做到仁者，所以孟子的理论也无法获得验证。但是，光是凭着他与梁惠王（魏惠王）和齐宣王这两位大国君主的对话，能让他们时而惊喜、时而沮丧、时而愤怒、时而盼望，虽然最后没有产生重大成效，但也足以流芳千古了。

活在乱世之中，孟子的一些小故事并无确切的证据，譬如，他小时候，母亲担心他受环境影响而“三迁”；他念书不用心，母亲就“断机杼”，以及母亲不允许他为小事而休妻等。圣贤身边总是环绕着一些具有积极意味的故事，不过，对孟子来说，能够学习孔子之道，温故而知新，并加以发扬及应用，进而著书立说，自成一家之言，以实至名归的方式被尊奉为“亚圣”，或许这才是值得一争的千秋啊！

人性向善的真谛——孟子

如果没有孟子的著述，孔子思想未必能够产生宏大的成效。今日阅读孟子，依然可以感受他强劲的思想与辩才所造成的魅力。

孟子展现了“思想与辩才的神奇组合”。先说他的辩才。他批判所谓的异端邪说，其中以杨朱与墨翟为代表。他指出：“杨朱、墨翟之言盈天下。天下之言，不归杨，则归墨。”这二家的言论为何有害呢？孟子的推论是：“杨氏为我，是无君也；墨氏兼爱，是无父也。无父无君，是禽兽也。”

这种推论可以成立吗？以杨子为例，他一切都为自己考虑，“拔一毛而利天下，不为也”。这样的人不但不会交税，更不会在国家有难时挺身而出，如此自私自利，无异于不要国君与国家。再看墨子，他主张“兼相爱”，就是要同时而平等地爱护每一个人，如此一来对待父母与对待别的老人家是一样的，这岂不等于无视父母的存在？若是无父无君，那不是原始的动物世界，一切全靠弱肉强食、适者生存吗？这种推论是就一个主张，将它推出“逻辑的结论”，然后加以批判。

当然，任何批判都必须有个稳当的立足点，而孟子在这方面信心十足，因为他有一套完整的人性论。

人性论是一个学派各种主张的基础。由于“性善”二字在《孟子》书中出现两次，加以宋朝学者将它解释为“性本善”，以致人们大都以为孟子或儒家是主张人性本善的。事实上并非如此。

孟子明白宣称：“饱食暖衣，逸居而无教，则近于禽兽。”人若没有五伦之教，又与禽兽差不多了。的确，孟子的名言是：“人之所以异于禽兽者几希。”

这几希之异是什么？是心。心的特色在于“能觉”，但是能觉的条件有二：一是真诚；二是明白善是什么。以孟子最为推崇的舜来说，他原本与“深山之野人”差不多，但是在“闻一善言，见一善行”之后，内心真诚的力量泉涌而出，“沛然莫之能御”，然后自此一生行善避恶。

孟子进一步分析“心之四端”，肯定“恻隐、羞恶、辞让、是非”是四个善端，由此可以实践“仁、义、礼、智”这四善。问题在于：善端本身是善的吗？或者用后来比较容易理解的方式来问：人皆有良知，那么良知本身是善的吗？答案是：良知本身是“对善的要求”，而不能直接说它是善。理由是：孟子认为所有的善与不善，都是“行为”的结果。善与恶在于行为。

说“善”在于行为，并不表示善在外而不在内。孟子所强调的是：一、人要真诚；二、真诚使人由内而发产生行动的力量；三、付诸行动，才能算是行了一善。因此，他主张“仁义”都是由内而发的。这种观点不宜称为“性本善”，而应该称为“性向善”。孟子再三以比喻来描述：“火之始燃”“泉之始达”“兽之走圹”。译为白话就是：火向上烧，水向下流，野兽奔向旷野。他公开表示：“理义之悦我心，犹刍豢之悦我口。”这是说：人心喜爱理义。这不是人性向善的说法吗？

由于人性向善，人生之路才会成为择善固执，而最后目标也才会定为止于至善。儒家学说的系统于此打下了坚实的基础。然后可以应用于修养论、教育设计、政治制度，再配合历史观与天命思想，如此岂不粲然完备？如果没有孟子的著述，孔子思想未必能够产生宏大的成效。今日阅读孟子，依然可以感受他强劲的思想与辩才所造就的魅力。

《老子》

老子其人其书

老子是道家的创始者，他所谓的“道”，是指“真实”（更好说是“究竟真实”）而言，亦即要将人生依托在永恒不变的基础上，再由此观照人间，安排适当的言行方式。

《老子》，又名《道德经》。司马迁在《史记》写到它的作者时，是列在《老子韩非列传》中的。以上简单的两句话，就可能引起不少误解。

首先，《老子》又名《道德经》，但是内容与世人所谓的“仁义道德”完全无关，亦即所论并非伦理学的题材。以王弼（226—249）所注的版本为例，《老子》分为上、下两篇，先论“道可道，非常道”，后论“上德不德，是以有德”，于是遂有《道经》（一至三十七章）与《德经》（三十八至八十一章）二篇，合称《道德经》。

其次，《史记》卷六十三以“老子、韩非”并列为传，其实所述还包括庄子与申不害。韩非是法家代表，著作中有《解老》与《喻老》二篇，发挥老子的部分思想。司马迁认为韩非“喜刑名法术之学，而其归本于黄老”，最后又总结说：“韩子引绳墨，切事情，明是非，其极惨礉少恩，皆原于道德之意。而老子深远矣。”老子的思想当然比韩非深远，但是韩非“自认为”并且“使别人认为”他在推广老子的学说，以致老子的真面目反而模糊难辨。这不能不说是老子的不幸啊！

关于《老子》一书的作者，亦即“老子”此人，司马迁说：“老子者，楚苦县厉乡曲仁里人也，姓李氏，名耳，字聃，周守藏室之史也。”老子是周朝管理文书档案的官，学问与见解应该具有一定水平。根据孔子曾经向老子请教礼仪一事来看，老子应该也是春秋时代的人，年龄比孔子稍长。孔子听了老子的一番训勉之后，对弟子说：“吾今日见老子，其犹龙邪！”所谓“龙”，描写他是“乘风云而上天”，并非年轻时的孔子所能理解的。老子眼见周朝衰颓，决定西出函谷关，准备隐居，守关的官员请他留下作品。“于是老子乃著书上下篇，言道德之意五千余言而去，莫知其所终。”

事实上，老子是以《老子》一书而对后代产生重大影响的，并且此书与老子的生平际遇并无密切关系。换言之，“老子写了什么？”要比“老子是谁？”更为重要。那么，老子写了什么呢？今日通行的是王弼注的版本，而王弼上距老子的年代也有七八百年，谁能担保这期间的传抄与刻印都没有问题呢？

1973 年，湖南长沙马王堆的“汉墓”出土了一大批帛书，其中就有《老子》的帛书甲本与乙本。这两个版本大同小异，都是《德经》在前而《道经》在后，并且没有分章。1993 年湖北荆门郭店村“战国楚墓”又出土了许多竹简，其中有三种《老子》的摘抄本，分为甲、乙、丙三组。摘抄本的字数只有通行本的三分之一，并且丙组中的文句较为接近帛书本与通行本。专家认为，甲组较为接近《老子》祖本，它的抄写年代距离老子逝世“可能”只有一百多年。换言之，目前所能找到的断简残篇，离作者老子本人也有一百多年了。既然如此，我们在依据最新出土的资料修订《老子》通行本的同时，还是要把焦点置于老子学说的阐释上。

在探讨老子学说时，会发现材料最多的是历代的注解与引申。从最早的庄子、韩非等人，经过河上公、王弼，甚至唐玄宗这位帝王，以及宋朝的王安石、苏辙、朱熹等人，无不发表心得，增益老学。但是，《老子》似乎是一面镜子，人们总能借它照见自己的长相，而未必说得清楚它原来的用意是什么。

老子是道家的创始者，他所谓的“道”，是指“真实”（更好说是“究竟真实”）而言，亦即要将人生依托在永恒不变的基础上，再由此观照人间，安排适当的言行方式。他在儒家之外，另外开辟了一条路，并且是更为宽广的路。奈何天下人却难以体认他的美意。他说：“吾言甚易知，甚易行。天下莫能知，莫能行。”（七十章）我们不妨欣然接受此一邀请与挑战，一起认真研读《老子》。

究竟真实的智慧——老子

孔子推崇老子“乘风云而上天”，因为老子超越了人间的相对价值观，达到究竟真实的领域，把一切问题从根本上化解了。

老子的学说似乎深不可测，他的境界也高不可攀，那么他到底有什么样的思想？要回答这个问题，就需暂时抛开老子身份的争议，专就《老子》一书来研究了。以下皆以老子为《老子》一书的作者，借此说明他的思想。

老子年龄大约大孔子三十岁，时当春秋时代末期，那是个天子失德、诸侯争霸、礼坏乐崩、民不聊生的年代。如果担心这样的时代有何危机，则答案是“虚无主义”。

虚无主义有两种：一是价值上的；二是存在上的。价值上的虚无主义是说：人们无法分辨善恶是非，也因为善恶并无适当报应而不知为何应该行善避恶。孔子所担心的是这种危机，所以想全力倡导“仁”的观念，希望人们由真诚而引发自我要求的力量，主动去行善避恶，并且因而感受快乐以及人生的意义所在。

存在上的虚无主义是说：人们发现人生注定要死，死后万事皆空，那么与其活着受苦，不如早些死去。这显然是个根本的危机。老子所担心的是这种虚无主义，所以他要描述：万物由道而来，最后也回归于道，所以只要觉悟“道”是什么，人生可以立即得到安顿，解脱一切痛苦与烦恼。简单来说，“道”是究竟真实。老子所开展的学派也就称为“道家”。

我们与万物一样，常在变化之中，所以都是相对而有限的真实。即使有人贵为天子、富有天下，他最后依然必须放下一切，两手空空地离开。因此，人生首务在于觉悟“道”为究竟真实。

为了说明这个道理，老子的策略是：先找出天下混乱的原因，再设法对症下药。天下为何混乱？因为人有理智，既可以认知也可以选择，如果认知局限于“区分”，就难免由“物以稀为贵”的观点，选择巧取豪夺，与别人从事各种竞争、斗争，以至于战争。

如果发现“区分”有所不当，并且从个人经验与历史故事得到教训之后，就可以设法把认知能力提升到“避难”的层次，选择避开灾难。老子说：“轻诺必寡信。”他又说，“甚爱必大费，多藏必厚亡。”他的目标是“知足不辱，知止不殆”，是“长生久视”，可以安其天年。

这种收敛隐忍的态度是出于勉强修炼的吗？当然不是，所以老子还要进一步，把人的认知能力提升到“启明”的阶段。“启明”即觉悟，觉悟只有一种，就是从“道”的角度来看待一切。用后来的庄子的话来说，就是“以道观之，物无贵贱”。万物皆来自道，没有贵贱之分；人的生命也来自道，没有得失成败的问题。

孔子推崇老子“乘风云而上天”，因为老子超越了人间的相对价值观，达到究竟真实的领域，把一切问题从根本上化解了。庄子推崇老子为“古之博大真人”。博大，是因为他展现了无所不容的心胸，有如道之于万物；真人，是因为他与道结合为一，成为道的化身，从此没有陷于幻灭的可能性。

当代德国哲学家海德格尔在晚年时酷爱老子思想，认为老子的“道”有如西洋哲学家所向往的“存在本身”，但偏偏西方人忘记了它而只知追逐现象界的一切。海德格尔曾与中国学者萧师毅教授合作，计划再将《老子》译为德文，但只译了八章而合作破裂，殊为可惜。我们不妨省思：当许多中国学者推崇西洋哲学家（海德格尔本人也在其中）时，为何西方一直有些高明之士在欣羡道家的思想？理由很简单，因为老子所针对要化解的“存在上的虚无主义”，是人类心灵所面对的共同危机。

道家要我们从减法开始，从“损之又损”世间一切相对的东西，让自己的心思回到原始的单纯，有如婴儿与朴木，不争亦无所争，结果在与道结合时，反而得到了保全并且未曾失去任何东西。看似平静的人生，其实充满了动力，可以随着“道”去历经千变万化而不离其宗。没有老子的启发，庄子又何从展现逍遥无待之乐？

《庄子》

庄子其人其书

庄子想要表达什么？王叔岷先生精研《庄子》，认为庄子不是一般所说的“为我，放任，避世，空谈”，而是忘我，顺其自然，入世而超世，以及全由深刻体验而来，《庄子》一书可以支持这种看法。

庄子，原名庄周，字子休，战国时代宋国蒙县人，生于约公元前369年，卒于公元前286年。他与儒家的孟子处于同一时代，但二人并无见面机会，或者二人即使见面也将无话可说，因为“道不同，不相为谋”。各派学者各有其道，而庄子是道家老子的后学，对于“道”另有独树一帜的看法。

庄子曾经短期为官，担任蒙县的漆园吏。中年以后，他的生活极为贫困，“住在穷街陋巷，困窘地织鞋为生，饿得面黄肌瘦”。后来楚威王听说他是个人才，以高官厚禄聘请他，但是对庄子而言，世间的荣华富贵“有如鸟雀、蚊虻从眼前飞过去一样”，实在引不起一点点兴趣。不过，庄子对人生绝不是没有热情的。

他的生活与一般百姓无异，有妻有子，努力在乱世中苟全性命。差别在于：他博览群书，深通人情世故，领悟高明智慧，自有一套人生哲学。他的朋友之中，最有名的是惠施。惠施是名家的学者，聪明善辩，争取世间名望，做官不落人后。庄子常与他辩论，可惜二人层次相差太远，难以抵达“相视而笑，莫逆于心”的境界。幸好有《庄子》一书传于后代，才不致淹没了千古以来令人惊叹的吉光片羽。

在司马迁笔下，庄子是个小角色，《史记》说他“著书十余万言，大抵率寓言也。作《渔父》《盗跖》《胠箧》，以诋訾孔子之徒，以明老子之术。畏累虚、亢桑子之属，皆空语，无事实”。这样的判断并非全无根据，但是却局限于浮面观察，对庄子不公平。

譬如，现在我们所阅读的《庄子》版本，原文将近七万字，共有三十三篇，是晋代郭象所删定的。这三十三篇又分为内篇七篇，外篇十五篇，杂篇十一篇。司马迁提及的《渔父》与《盗跖》列在杂篇，而《胠箧》列在外篇。一般认为，内篇才是庄子思想的精华所在，如《逍遥游》《齐物论》《养生主》《人间世》《德充符》《大宗师》《应帝王》。

庄子想要表达什么？王叔岷先生精研《庄子》，认为庄子不是一般所说的“为我，放任，避世，空谈”，而是忘我，顺其自然，入世而超世，以及全由深刻体验而来，《庄子》一书可以支持这种看法。如果进而省思庄子何以能有如此卓越精妙的心得，则答案在于他对“道”的领悟。他的道是“一以贯之”的原理与源头，认清这一点，就可以与他一起逍遥而游了。

逍遥自在的人生——庄子

庄子提醒我们：万物皆值得欣赏，人类世界的一切也都不可等闲视之。单单是“活着”或“存在”本身，就是道的最大祝福，我们又怎能妄自菲薄？

在现实生活中，庄子极其穷困，但相对也较为安全。他曾担任漆园吏，做个小公务员，后来回家自谋生路，以编草鞋为生，饿得面黄肌瘦。他有妻有子，必须负起养家的责任，所以平日在山野闲逛时，随身带着弹弓，有机会打只鸟可以加菜。有一天，他到了雕陵的栗园附近，一只异鹊的翅膀擦过他的额头，停在栗园中，他吃一惊，心想这是什么鸟啊，于是撩起衣裳，手握弹弓，赶紧跟过去一看究竟。这才发现原来是“螳螂捕蝉，异鹊在后”，庄子垂涎于异鹊，那么庄子背后是否也有凶险呢？想到此处，他心生警惕，立即丢下弹弓，转身离去，但还是慢了一步。栗林的守园人在后面追赶，骂他是可耻的小偷。

庄子也经常钓鱼。有一次他在濮水边垂钓，两位楚国大夫来到身后致意，说楚王想请他负责国事。庄子头也不回，就问有关“楚国庙堂之上有一只神龟”的事，试问那只神龟是愿意死了剩下骨头供人膜拜，还是愿意拖个尾巴在泥地上爬行呢？这两位大夫异口同声地选择了后者。庄子说：“这正是我的选择啊！”一般称此为“明哲保身”。

如果以为庄子的避世心态来自他不太了解人间的情况或无能应对人间的挑战，那就大错特错了。他详细观察人的情绪变化，一口气列了十二种：喜、怒、哀、乐、虑（忧虑）、叹（叹息）、变（反复）、慹（恐惧）、姚（轻浮）、佚（放纵）、启（张狂）、态（作态）。他提醒人不可扰乱人心，他是怎么描写人心的呢？

“人心排斥卑下而争求上进，在上进与卑下之间憔悴不堪；……躁进时热如焦火，退却时冷若寒冰。变化速度之快，顷刻间可以往来四海之外。没事时，安静如深渊；一发动，远扬于高天。激荡骄纵而难以约束的，就是人心吧！”我们今天读到这一段描述，依然深受启发。

既然人的问题这么麻烦，人生还有什么希望？有的，但需要修炼。庄子多次谈到“形如槁木，心如死灰”一语，就是要我们排除身体的欲望与心智的执着。以他的术语来说，叫作“心斋”。人的心可以处于四种状态：一是经验的主体，随着感觉与人互动，完全身不由己；二是计较的主体，总是与人比来比去，生出贪念与执着；三是反思的主体，可以收敛反省，凌空观照自己的处境；四是超越的主体，显示空灵自在的智慧。

因此，论及人的生命结构，可以分为三层：一是有形可见的身体；二是可以思考及算计的心智；三是由心斋而展现的精神。庄子极为珍惜精神，常以“灵台”“真君”称之。由此可知，学习庄子不能光靠阅读与理解，还须进行具体的修炼，不然只能在名相中打转。

庄子喜欢描写平凡人物的神奇能力，这些人大都是上了年纪的，一生只做一个工作，但由于专注过人，使技术转化为艺术，将平凡点化为奥妙，因而在其中得到无比的乐趣，也让旁观者赞叹不已。庄子提醒我们：万物皆值得欣赏，人类世界的一切也都不可等闲视之。单单是“活着”或“存在”本身，就是道的最大祝福，我们又怎能妄自菲薄？

关于处世的方法，庄子强调“外化而内不化”，一方面随顺外物而变化，另一方面内心持守不变。内心与道契合，圆满无缺，自然不必变化；外表与外在言行就要配合世俗，“顺人而不失己”“安时而处顺，哀乐不能入”。最让人神往的一句话是：“泛若不系之舟，虚而待物者也。”虚己以游世，不但不会受到伤害，反而可以随遇而安，像庄子一样“上与造物者（道）游”，而在人间则与悟道者为友，大家“相视而笑，莫逆于心”。

处于今日世间，抑郁症者有增无减，或许学习庄子可以缓和此一趋势，暂且“相忘于江湖”啊！

《易经》

《易经》这本书

换言之，《易经》已经包含《易传》在内，成为一部独立而完整的经典了。

《十三经注疏》是古人智能的集合、中华文化的宝库，而《易经》位列其首。这不仅是因为《易经》在时代上最为古老，更是因为它的内容涵盖了“天道、人道、地道”，亦即要在天地之间让人类安身立命。其方法则是“设卦观象”，以符号代表自然界的现象，再借符号的组合与移动，描绘自然界千变万化的奥妙情境，由之展示人间世的吉凶祸福与因应之道。

目前通行的《易经》读本，是经由“魏王弼、韩康伯注，唐孔颖达等正义”所传下来的。孔颖达知道这项注疏工作十分艰巨，所以特地撰写《周易正义序》，探讨八个题材。第一，“论易之三名”，“易”字有易简、变易、不易三个意思。第二，“论重卦之人”，伏羲最先画了八个单卦，并且重叠为六十四卦的人也应该是他。第三，“论三代易名”，夏代有连山，殷代有归藏，周代有周易。第四，“论卦辞爻辞谁作”，答案是周文王。第五，“论分上下二篇”，上篇自乾坤至坎离，下篇由咸恒到既济未济。第六，“论夫子十翼”，孔子是“十翼”的作者。第七，“论传易之人”，从孔子的学生商瞿，一直传到王弼。最后，“论谁加经字”，答案是无从查考。

由此可知，《易经》是伏羲氏、周文王、孔子这三位古代圣人合作的成果。我们从今天的眼光，对此再作简单的说明。《易经》包括两个部分：一是“经”，内容极少，只有六十四卦的卦象，以及卦辞与爻辞，这是伏羲氏与周文王的贡献所在。二是“传”，原是为经作注解的，称为“十翼”（翼为辅助），包括彖（上、下），象（上、下），系辞（上、下），文言，说卦，序卦，杂卦。彖与象，是依《易经》分上下篇（一卦至三十卦为上篇，三十一卦至六十四卦为下篇）而分上下。文言只论及乾坤二卦。系辞提供全面而深入的解说，极富哲理。说卦说明卦象，亦即八个单卦所象征的实物与处境，扩大了想象的空间。序卦就六十四卦的排列顺序加以解释，想要找出其中道理。杂卦并无次序，试图找出六十四卦分为三十二组的不同解读。目前学术界的共识是“十翼”为孔子及其后学的合作成果。

换言之，《易经》已经包含《易传》在内，成为一部独立而完整的经典了。它的主体是六十四卦，卦辞、爻辞，以及彖传、象传。一般在研究《易经》时，大部分的心力都用在这里。以下稍作说明。

《易经》首先肯定万物的起源、发展、变化、结束，都是阴与阳这二元因素（或力量）所造成的。阴爻（⚋）与阳爻（⚊）这简单的两画，合作组成八个单卦，每卦三爻。于是有了乾（☰）与坤（☷），有如父与母。由此再衍生出震（☳）、坎（☵）、艮（☶）三子，以及巽（☴）、离（☲）、兑（☱）三女。八卦分别象征天与地，以及雷、水、山、风、火、泽。然后八个单卦两两相迭，形成六十四卦，代表六十四种自然现象，以及对应的六十四种人间处境。由于每一卦有六爻，所以人间处境变成了三百八十四种。这些足以使人眼花缭乱，但是我们的真实人生远非如此简单就能掌握。于是，《易经》一方面助人因应特定状况，另一方面也提醒人“世事无绝对”，我们还是拥有主动抉择的能力与责任。

历代研究《易经》的学者，主要分为象数派与义理派。两派各有根据，也各有贡献，但是却无法获得共识，以致每一卦的每一爻都有千奇百怪的诠释，足以让人望洋兴叹。《易经》的卦辞与爻辞中，出现许多占验之辞，显示卜筮的操作痕迹，而这一部分更是专门的学问，难以深究。

《易经》的魅力

我们在日常生活中，早已习惯了《易经》的许多启示。

长期以来，我一直盼望拥有一本可以看得懂的《易经》。年过五十以后，想到孔子所说的，“加我数年，五十以学《易》，可以无大过矣”（《论语·述而》），这种期待就更为殷切了。

最初听到《易经》，是在大学时代。当时的感觉是：大家都在推崇这部宝典，但是又说不清楚是什么缘故。我的老师方东美先生在年轻时，以《易之逻辑问题》一文而受人肯定，他想要解决的是六十四卦的排列顺序有何逻辑根据。他后来发挥的大都是《系辞传》里“生生之德”的理念，并且由之推展出一套生命哲学，对于诠释儒家的思想基调颇有帮助。

稍后，我听说西方学术界对《易经》（由传教士译为拉丁文）也颇为着迷。譬如，德国哲学家莱布尼茨（G. W. Leibniz，

1646—1716）就由《易经》一阴一阳的启示，领悟了二元对数（阴为零，阳为一），进而奠下了计算机运作的原理。瑞士心理学家荣格（Carl Gustav Jung，1875—1961），则由《易经》体认了共时性原理，亦即许多现象在同一时段发生，彼此之间可能有神秘的联系，而这正是占卜的主要依据。翻开任何一本《易经》版本，都会念到六十四卦、三百八十四爻的爻辞，这些爻辞三言两语，并且下了占验之辞，简直就像算命师的铁口直断。难怪朱熹会主张“易为卜筮之书”了。

《易经》里面出现的占验之辞，大约有九个等级，从最好到最坏，依序是“元吉，大吉，吉，无咎，悔，吝，厉，咎，凶”。其意思是：“最为吉祥，非常吉祥，吉祥，没有灾难，懊悔，困难，危险，灾难，凶祸。”当然，这要看一个人处在什么时位而定。

“时”为时间，引申为人生的阶段、客观的情势、主客之间形成的时机，以及个人对时机的感受。“位”为空间，引申为个人的地位及处境，以及他与其他人之间的相对关系。人的吉凶祸福，一半是由时与位所决定，有如命中注定的客观条件；而另外一半，则取决于当事人自己对时与位的认识，以及由此而采取的响应行动。说“易为卜筮之书”，只说对了一半，因为当卦辞爻辞揭示吉凶时，后续还有每个人修正或改变命运的弹性空间。

更重要的是，六十四卦形成一套完整的人生密码，其中首尾相应，福祸相倚，甚至吉中有凶，凶中带吉。在你才陷入懊悔情绪时，随即出现生机；在你正想额手称庆时，危险却已悄悄逼近。然后再总结这一切为：自我意识的觉醒，自我责任之提升，德行修养的必要，以及乐天知命的智慧。人生遭遇虽有一定的步骤与结局，但是苦乐却是个人的“德行、智慧、能力”所左右的。德行修养是离苦得乐的最佳保证；智能觉悟使人显示整体而根本的视野，不为苦乐所困；能力卓越的人立即采取行动，或是改变环境，或是自我调适。《易经》全书再三着墨的，正是期许人们开发这三方面的资源。

我们在日常生活中，早已习惯了《易经》的许多启示。处于逆境中，会想到“否极泰来”；前无去路，会希望“剥极而复”；看到社会乱象，则要求“革故鼎新”；遇到分配不均，则知道“有损有益”。每一卦都有好有坏，如果寻找六爻皆吉的，大概只有谦卦了。人有真才实学，又能谦卑自处，那么还需要占卜吗？“善为易者不占”，真正懂得《易经》道理的人，是不会去占卜的。占卜的结果若为吉，你还是要脚踏实地活在每个当下；占卜的结果若为凶，那么你想尽办法避开之后，占卜岂非失灵？这是最简单的“算命悖论”，既然如此，何不增强理性能力，学习《易经》的义理呢？

《易经》是不必也不能一口气读完的。它是手边的必备参考，每天念一两卦，久之心领神会，境界自然开阔。我一直盼望拥有一本看得懂的《易经》。求人不如求己，现在如愿以偿，心得公诸同好，正是“我有好爵，吾与尔靡之”（中孚卦九二爻辞）。

进修书目

方东美：《科学哲学与人生》（黎明）

唐君毅：《哲学概论》（学生）

沈清松主编：《哲学概论》（五南）

邬昆如：《哲学概论》（五南）

傅佩荣：《探索生命的价值》（天下文化）

张康译：《哲学浅论》（东大）

钱志纯：《理则学》（辅仁大学）

柴熙：《哲学逻辑》（商务）

林正弘：《逻辑》（三民）

何秀煌：《思想方法导论》（三民）

沈清松：《现代哲学论衡》（黎明）

林宏涛译：《诠释的冲突》（使者）

方东美：《中国哲学之精神及其发展》（黎明）

牟宗三：《中国哲学的特质》（学生）

张岱年：《中国哲学概论》（源成）

傅佩荣：《儒道天论发微》（联经）

傅佩荣：《儒家哲学新论》（联经）

王又如译：《西方心灵的激情》（正中）

邬昆如：《西洋哲学史》（正中）

柯普斯登：《西洋哲学史》（黎明）

罗素：《西方的智慧》（业强）

邝健行译：《柏拉图三书》（仲信）

傅佩荣编著：《柏拉图》（东大）

劳思光：《康德知识论要义》（河洛）

牟宗三译：《康德的道德哲学》（学生）

柴熙：《认识论》（商务）

关永中：《郎尼根的认知理论》（哲学与文化）

葛慕蔺：《形上学》（辅仁大学）

沈清松：《物理之后——形上学的发展》（牛顿）

李震：《中西形而上学比较研究》（中央文物）

林火旺：《伦理学》（五南）

袁廷栋：《伦理学》（黎明）

黄藿译：《价值是什么》（联经）

项退结：《人之哲学》（中央文物）

杨绍南：《宗教哲学概论》（商务）

傅佩荣译：《人的宗教向度》（立绪）

刘安云译：《人的宗教》（立绪）

钱永祥译：《宗教哲学》（三民）

刘文潭译：《西洋六大美学理念史》（联经）

刘文潭译：《西洋古代美学》（联经）

朱光潜：《文艺心理学》（开明）

李泽厚：《美的历程》（元大）

刘昌元：《西洋美学》（联经）

方东美：《中国人生哲学》（黎明）

傅佩荣：《哲学与人生》（天下文化）

梁永安译：《超越后现代心灵》（立绪）

项退结：《西洋哲学辞典》（国立编译馆）

以上所列书目大体依照本书各篇次序而定，其中程度深浅不一，选读时不妨在各领域中择一参考。